北京大觉寺建筑与西山风景

[德]锡乐巴 [英]郝播德 等
著

赵省伟
主编

孙梦
编

张维懿 夜鸣
译

找寻遗失在西方的中国史

北京日报出版社

图书在版编目（CIP）数据

北京大觉寺建筑与西山风景 /（德）锡乐巴等著；孙梦编；张维懿，夜鸣译 . -- 北京：北京日报出版社，2023.10（2024.4重印）
（西洋镜 / 赵省伟主编）
ISBN 978-7-5477-4645-5

Ⅰ. ①北… Ⅱ. ①锡… ②孙… ③张… ④夜… Ⅲ. ①佛教－寺庙－介绍－北京②山－介绍－北京 Ⅳ. ①B947.21②K928.3

中国国家版本馆CIP数据核字(2023)第146215号

出版发行：北京日报出版社
地　　址：北京市东城区东单三条8-16号东方广场东配楼四层
邮　　编：100005
电　　话：发行部：(010) 65255876
　　　　　总编室：(010) 65252135
责任编辑：卢丹丹
特约编辑：黄　忆
印　　刷：天津鸿彬印刷有限公司
经　　销：各地新华书店
版　　次：2023年10月第1版
　　　　　2024年4月第5次印刷
开　　本：787毫米×1092毫米　1/16
印　　张：12
字　　数：250千字
印　　数：5001—8000
定　　价：128.00元

版权所有，侵权必究
未经许可，不得转载

「出版说明」

出北京城西行，可见宛如腾蛟起蟒、遥遥拱卫着北京的连绵群山，这就是被称为"神京右臂"的西山。这里风景秀美，又靠近权力与财富的中心，数百年来修建了众多的佛寺，成为中国著名的宗教活动中心和避暑胜地之一。清末民初，不但中国人来此观光消暑，还有许多外国人慕名而来，到此游览考察。

一、本书由《北京大觉寺》《西山访圣记》《中国名胜·西山》《香山风景》《房山风景》《上方山》六部分组成，共收录图文描述25万字。

《北京大觉寺》（Der Tempel Ta-chüeh-sy bei Peking）初版于1897年，作者是胶济铁路的主要设计者、德国建筑工程师锡乐巴（Heinrich Hildebrand，1855—1925）。作者简要介绍了大觉寺的历史，然后从专业角度出发，重点介绍了大觉寺的建筑布局、结构、材料与陈设，还绘制了很多建筑结构图与平面图。这是首部系统研究中国传统建筑的德文著作，为西方社会认识中国建筑打开了一扇大门。

《西山访圣记》（The Temples of the Western Hills）初版于1923年，作者郝播德（Gilbert Ernest Hubbard，1885—1952）是英国外交官、银行家，1920年来华。作者记录了他在西山参观时的所见所闻，还原了百年前的寺庙场景，并配有10余幅珍贵的历史照片。

后四章为四本风光摄影相册：《中国名胜·西山》二册出版于1920年，由蒋维乔、庄俞编纂；《香山风景》出版于1922年，由香山慈幼院拍摄发行；《房山风景》出版于1915年，由京汉铁路调查科编辑；《上方山》出版于1937年，由平汉路局拍摄。

二、为了方便读者阅读，编者对图片进行了统一编排，并且重新编号。

三、由于年代已久，部分图片褪色，颜色深浅不一。为了更好地呈现图片内容，保证印刷整齐精美，我们对图片色调做了统一处理。

四、由于能力有限，书中个别人名、地名无法查出，皆采用音译并注明原文。

五、由于原作者所处立场、思考方式以及观察角度与我们不同，书中很多观点跟我们的认知有一定出入，为保留原文风貌，均未作删改。但这不代表我们赞同他们的观点，相信读者能够自行鉴别。

六、由于资料繁多，统筹出版过程中不免出现疏漏、错讹，恳请广大读者批评指正。

编者

目录

第一章 北京大觉寺 001

前言	003
序言	004
大觉寺的历史	005
建筑群位置与布局	011
建筑结构与材料	018
内部构造与陈设	028
关于寺院建筑的几点评述	038
尾声	040

第二章 西山访圣记 055

前言	056
西山	056
八大处寺庙群	059
香界寺	059
灵光寺	065
大悲寺	065
秘摩崖	066
龙王堂	066
宝珠洞	066
全景、碧云寺和卧佛寺	066
白松陵	072
肉身菩萨庙	074
戒台寺及其所在圣山	077
潭柘寺	082
妙峰山与黑龙潭	085
寺庙法会	088
结语	091
从北京到各寺庙的路线	092

第三章 中国名胜·西山 095

前言	096
旅行须知	096
黑龙潭前面全景	097
黑龙潭闸口	097
秀峰寺全景	098
东大头杏花林	098
大觉寺东杏花林	099
大觉寺山门	099
大觉寺内御碑亭	100
大觉寺内玉兰花	100

憩云轩	101
清水院	101
龙潭泉眼	102
岭要亭	102
塔院	103
老龙脉	103
南龙脉	104
大工全景	104
小工全景	105
金仙寺远望	105
金仙寺内银杏树	106
朝阳院内古松	106
朝阳院后宝塔	107
仙台瓜打石	107
妙峰山松林	108
妙峰山绝顶	108
灵感宫	109
法雨寺	109
东岳庙	110

第四章 香山风景 111

香山洪光寺故址	112
香山重阳亭	112
香山寺观音阁故址	113
香山重翠庵故址	113
香山静室故址	114
香山西山晴雪碑	114
香山森玉笏	115
香山太和宫以东平原	115
香山交通部新设的电话局	116
香山罗汉景	116
香山玉乳泉	116
香山绿云舫故址	117
香山十八盘路	117
香山半山亭	117
香山慈幼院男校宿舍	118
香山慈幼院男校礼堂讲堂	118
香山静宜女子学校	119
香山韵琴斋南面风景	119

香山韵琴斋		120
香山见心斋		120
香山北京女界红十字会新建香山医院		121
香山昭庙琉璃牌坊		121
香山芙蓉坪		122
香山玉华山庄		122
香山梯云山馆		122
香山栖月崖		123
香山森玉笏		123
香山闻风亭		123
香山雨香馆		124
香山无量殿故址		124
香山唳霜皋		124
香山寺北面		125
香山来青轩故址		125
香山寺无量殿、半月亭、来青轩等处故址		125
香山古驯鹿坡遗址		126
香山双清别墅		126
香山寺下知乐壕		127
香山寺下买卖街故址		127
香山慈幼院女校内之流觞曲水		128
香山慈幼院女校大门内两亭		128
香山慈幼院女校客厅及办事室		129
香山慈幼院女校		129
香山缨络崖（璎珞岩）		130
香山本园南路石桥		130
香山本园太和宫故址		131
香山本园宫门内勤政殿故址之南面		131
香山静宜园		132
后记		132

第五章 房山风景 133

周口店车站		134
周口店福胜煤窑		134
周口店石灰窑		135
周口店十亩坪永寿寺		135
上方山孤山口村落		136
上方山圣水峪		136
上方山山口石壁		137

上方山云梯庵石磴	137	
云梯庵外望山景	137	
上方山兜率寺山门	138	
上方山兜率寺	138	
上方山红桥庵	139	
上方山云水洞	139	
云居寺下庄村落	139	
云居寺全景	140	
云居寺石桥	140	
云居寺塔院	141	
云居寺琬公纪念塔	141	
小西天石洞经版	142	
云居寺正殿前牌坊	143	
云居寺接待室院门	143	
云居寺接待室	144	
云居寺内古鼎唐松	144	
云居寺内御碑亭	145	
御碑亭内御碑一	145	
御碑亭内御碑二	146	
云居寺藏经塔	146	
云居寺石塔	147	
万佛堂	148	
万佛堂	148	
万佛堂佛塔	149	
万佛堂龙泉	150	
万佛堂龙泉村落	150	
麦家河	151	
麦家河沿岸村落	151	
高线铁路卸载楼	152	
高线铁路万佛堂械器锅炉房	152	
高线铁路铁架	152	

第六章 上方山

上方山远望	154
接待庵全景	154
雷劈石	155
云梯	155
兜率寺远望	156
兜率寺大殿	156

龙虎峪	157
一斗泉	158
听梵桥	159
柏树王	159
十方院	160
华严楼	160
大悲庵画壁	161
云水洞门	162
云水洞口	162
大悲佛	163
滴水成冰	164
半悬山	164
钟鼓楼	164
云罗山	164
幔帐	165
西方接引 狮子望莲	165
棉花山	166
象驼宝瓶	166
菊花山	167
灵芝山	167
长眉老祖	168
观音说法台 珍珠塔	168
塔倒三截	168
净水瓶 栓虎桩	169
小西天全景	169
玉石栏杆	170
藏经洞	171
洞前	172
千佛洞	173
千佛柱	174
千佛洞经石	175
云居寺全景	176
云居寺门前	177
云居寺殿前	178
大悲坛殿角	179
云居寺南塔	180
云居寺北塔	181

第一章 北京大觉寺

图1 1号院钟楼上的石砌装饰窗

前言

眼前这部著作的作者是本国一位建筑工程师,他曾获政府部门许可,在华任职多年。起初,他将书稿呈交给普鲁士中央政府,不想却未派上用场。为了防止这样一部耗费心血写就的专业著述埋没于世,柏林建筑师协会决定公开出版此书。

因我们希望能为作者精心绘制的示意图附上相应照片,以便读者确切了解有关建筑的真实面貌,本书的最终问世经历了一定延误。我们自身无法进行拍摄,便委托了两位在华的先生——来自柏林的环球旅行者、法庭候补文职人员F.亨内贝格(F.Henneberg)博士和P.格尔皮克(P.Gelpcke)博士帮忙,幸有两位热心协助,历尽艰辛前往大觉寺拍下大量高水准的照片,方得实现这一计划。只可惜受制于高墙院落的独特格局,加之寺中树木掩映,最终未能将其全貌收入镜中。此外,殿内只准游览者作短暂停留,禁止他们拍摄。

翻阅锡乐巴先生的这部著作,随处可见德国人特有的勤勉与严谨,此处多说无益,诸位一读便知。尤为难得的是本书首次从一个建筑工程师的视角出发,通过对某一具体实例展开研究,为我们打开了一扇认识中国建筑的大门。尽管如作者所言,本书初衷仅为抛砖引玉,旨在吸引更多人参与到东亚建筑杰作的研究中。然而我们完全有理由断定,它所带来的影响将远不止于此。相信那些认真研读过本书图片和相应说明的人都将从中领略到中国建筑艺术的精髓,并对中国文化形成更加深入的认知。这是仅靠阅读有关报道无法达到的。不仅如此,建筑师们也会欣喜地发现,无论何时无论何地,即使在看似极为陌生的艺术文化中,设计师与工程师在创作理念上——尽管项目本身与技术手段千差万别——始终息息相通。这一结论对于历史建筑的基本评判极为重要。

毫无疑问,锡乐巴先生所做出的这份贡献同样也会受到其他各界人士的称赞与肯定。正是在其孜孜不倦的努力下,东亚建筑艺术研究方取得今日这般良好的开端。倘若锡乐巴先生有幸能在公众赞助下,继续投身这一事业,并将相关成果普及于众,无疑会是对他最好的称赞与肯定。

柏林建筑师协会文学委员会
K.E.O.弗里奇
柏林,1897年3月

序言

对于东亚各族人民的建筑艺术,我们实在知之甚少,尤其在面对古建筑时,更是一头雾水。

这是我们在建筑史研究方面的一大缺陷。此前,研究人员已将古希腊艺术的源头追溯到小亚细亚沿岸,最新挖掘成果也证实了这一观点。至于小亚细亚艺术本身起源于何处,是发轫于本土继而传向东部和南部,还是由腓尼基、亚述、印度和埃及各文化哺育而成,就目前的研究成果而言,尚无法定论。从上述国家及地区现存的建筑来看,双方在结构设计和表现手法方面存有大量的相似性,程度之高不由令人推断,这实为相互作用的结果。笔者早先曾在新加坡参观过一座小型古印度庙宇,其色彩斑斓的砖石纹饰俨然古希腊多立克式神庙的翻版。考虑到宗教场所始终如一的保守作风,直接复制纹饰这一做法在历史上断无可能——两者之间的相似性只能归结于同源。因为迄今为止仅有极少数例证表明,身处异地的人们可以在互无借鉴的情况下,采用相同的艺术手法处理同一情感体验。

诚然,相关研究仍有不少需要解决的问题。然而,当我们将视线转向遥远的东亚地区,便会发现那儿的建筑历史对于我们而言才是真正的未解之谜,尤其当我们面对中国这一庞大国度及其周边邻国时,更是如此。至于东亚建筑艺术与西方建筑艺术存有何种关联,我们同样一无所知。对于欧洲人来说,尽管中式建筑总体呈现出一种不切实际的异域色彩,然而其结构设计和式样风格,又会令观赏之人随时随地生出一种似曾相识之感,继而联想到早期历史建筑。这里有"壁柱式神庙"一般的木构建筑,其富有古典气息的弧形线条,很容易便会让人想起希腊史前时期建筑及后来产生的石筑神庙;这里有雕着大量精美植物纹饰的半圆形券窗,简直令人疑心照搬自意大利宫殿;还有年代久远、带有哥特式城垛的小型城池,更是令人瞬间回到中世纪的德国,仿若正要策马奔入某处要塞!

来自中国的工艺品数百年前便已流传到欧洲大陆,如今更是被有计划地加以收藏。其中,经由德意志帝国驻华公使巴兰德先生收集、现藏于柏林博物馆的众多艺术珍品更是加深了我们对东亚各民族创作手法的认知。然而,正是这样一个堪比欧洲大小的国家,其建筑艺术竟然丝毫不为外人所悉。直到今天,有关专家几乎从未对此展开过研究,而且据笔者了解,更未进行过任何专业绘测。倘若仅凭日常所见,或听个别作家所言,那么几乎可以断定,中国建筑不过是些稀奇古怪的存在。然而事实绝非如此,虽然我们乍一眼会觉得中国建筑有些奇怪,但其实它从细节到整体,都不失雄伟大气之美。

中国艺术有着怎样的历史面貌,又与他国艺术之间存在着何种关联?对于艺术史研究来说,哪些问题尤为值得关注?中国艺术到底受到多大外来因素的影响?反之,又在他国艺术史上扮演过何种角色？——身处中国时，时不时便会产生以上疑问。若想解答这些问题，势必需要花上数年时间深入这一庞大的国度，并围绕相关建筑展开实地调查。同样需要考察的还有西南邻国印度，尤其在涉及佛教建筑时。详尽的文献研究更是必不可少，并且预计将会非常棘手。由于欧洲范围内有关中国建筑史的著述寥寥无几，故而需要进行大量高难度的古今汉语资料翻译。鉴于日后安排未定，同时为抛砖引玉，吸引更多有识之士参与中国艺术的研究，笔者接下来将会先对北京西山的一处寺院展开全面考察，希望相关成果能对解答上述问题有所助益。笔者所选的研究对象，堪称北方同类建筑中的典范。无论从格局、结构还是式样来看，这些寺院之间均无显著差异，唯有规模不尽相同。这座名为"大觉寺"的寺院可谓其中面积较大、历史较久的代表之一。

本书附有寺院相关示意图（为出版考虑已相应缩小），其中平面图比例尺为1∶200，剖面图和立面图比例尺为1∶100或1∶50。装饰部分举个例进行说明。在接下来的正文中，笔者首先会对佛教及大觉寺的历史加以介绍，其次针对基于建筑功能考量的寺院格局进行说明，之后再分别从建筑结构、建筑材料、内部构造和室内陈设四个方面展开分析。最后笔者还将就寺院的建筑艺术补充几点说明。本书暂不涉及彩绘方面的研究，一来大部分颜料已因气候关系遭受破坏，二来无法确定现存涂料的相关年份。不过笔者还是收集了一些保存良好、带有颜料的灰泥样本，寺中的木柱和天花表面均涂有此物。

大觉寺的历史

神作为世间最高主宰具有独一性[1]的这一概念在印度很早便消失了。在印度教的三大主神中，梵天身为宇宙灵魂，并未如犹太人的上帝耶和华一般凌驾于自然之上，而是以无形的方式存在于自然之中；毗湿奴集世间一切造福人类的力量于一身；而湿婆则被视作各种毁灭与再生力量的化身。随着时间的推移，神性不断得以具象化，同时圣人、宗教始祖、英雄人物和自然现象相继成为膜拜对象，于是在三大主神之外（三神一体），又诞生了一批民间神。之后，佛陀[2]（公元前6世纪）通过对印度国教加以改革，如否认诸神的存在，一切以道德为重，制定出一套理性的体系，早期教义即由此而来，并在日后经由使团传遍整个亚洲内陆及东亚地区。

佛教很早便传入中国，至今仍占据主流地位。相形之下，信奉伊斯兰教和基督教之人则寥寥无几。佛教在中国传播期间，逐渐形成藏传佛教、汉传佛教等不同分支，若要深入探讨，笔者仍需查阅相关文献。至于下文所要提及的宗教活动及寺院形制，以上背景介绍想来足以帮助读者进行理解。

我们有理由相信，随着佛教这一宗教形式的传播，其活动场所寺院的相关形制也一

---

[1] 参见威廉·普兹（Wilhelm Pütz）：《古代史概论》（*Grundriss der Geschichte des Alterthums*）。——原注
[2] 参见科彭（Koeppen）：《佛教》（*Die Religion des Buddha*）。——原注

图2 第二重殿（无量寿佛殿）前的石碑

并从印度传到中国。如今中南半岛①尚存的大型庙宇和佛塔便是例证，中国的同类建筑明显与其出自一脉。不知是出于对传统的尊崇，还是对旧事物的迷恋，又或者因为缺乏创新能力，中国人的建筑手法可谓一成不变。若是将部分差异忽略不计，尤其不考虑屋顶形制的变化，单从建筑结构和风格式样来看，即使刚刚建成的寺院也与数百年前并无二样。

文献之中并未发现有关兴建大觉寺的记载。兴许北京的档案馆内会有相关资料，只是迄今不为人知。对于寺院的建造年代和最初情形，就连寺中僧人也无法给出确切答案。据他们所说，寺内既无书籍也无文牒记有相关事项。若非那些年岁久远的石碑透露信息，恐怕这一谜题仍将无从揭晓。事实上，这些石碑上的话语尽管简短扼要，却比任何一部皇皇巨著都更令人信服。

如今整个寺内尚有五座保存良好的石碑，即刻有碑文的大型石块。这些石碑顶端雕有守护碑文的双龙，底座则为匍匐于地的龟形巨兽②。碑身由大理石状的泥盆纪石灰岩打磨而成，质地坚硬，有些两面皆有内容，有些仅一面刻字。碑文历史悠久，以古汉语写就（6页，图2；14页，图6、图7）。寺庙前院左右各有一处莲花池，其中两座碑便位于莲花池前的碑亭内（42—43页，图88），另有两座立于第一重殿后的院落中。第二重殿与第三重殿间偏西北处为最后一座碑所在，此碑年代最为久远。碑文已由一位有识之人帮忙抄写，但他声称自己无法用白话将其中的奥义原原本本传达。由于此类文章向来用辞典雅，所用字词典故都与日常表达不同，唯有饱读诗书、熟悉相关文体的中国人方能读懂。好在有德国公使馆学问精深的佛尔克博士帮忙翻译，笔者才得以于短时间内了解碑文内容。现将与大觉寺建造相关部分摘录于下。

如前所述，年代最久远的那座碑位于第二重殿与第三重殿之间，碑身两面均有字迹，因气候作用而受损严重。石碑阳面内容如下：

碑文一③

奉为太后皇帝皇后万岁大王千秋

阳台山清水院创造藏经记

燕京通天门外供御石匠曹辩建造

燕京天王寺文英大德赐紫沙门志延撰

昌平县坊市乡贡进士李克忠书

（开头先是对佛教的称颂，辽朝时期佛教发展异常兴旺。）……阳台山者，蓟壤（中国九个古老的行政区域之一）之名峰。清水院者，幽都（尧帝时期的北部边境）之胜概。（此处

---

① 位于中国和南亚次大陆之间，古代受到中国和印度的影响。——译者注
② 即龟趺，龙九子之一，貌似龟而好负重，多用于石碑底座。——译者注
③ 参见《北京图书馆藏中国历代石刻拓本汇编》第45册，中州古籍出版社，1989，46页。（括号内为作者所加，下同。）——译者注

略去对清水院的赞美。）山之名，传诸前古，院之兴，止于近代。虽竹室华堂而卓尔，而琅函宝藏以蔑如。将构胜缘，旋逢信士。今优婆塞南阳邓公从贵，善根生得，幼龄早事于熏修；净行日严，施度恒治于靳惜。咸雍四年三月四日，舍钱①三十万，葺诸僧舍宅，厥道人是念。界狱将逃，非教门而莫出；法轮斯转，趣觉路以何遥。乃罄舍所资，又五十万，及募同志助办，印大藏经凡五百七十九帙，创内外藏而龛措之，原其意也。觊释氏那尼，常转读而增慧；俗流士女，时顶戴而请福。大士弘济，有如此者。藏事既周，求为之记。聊叙胜因，俾信来裔，非炫公之能，故辞为愧。

时咸雍四年岁次戊申三月癸酉朔四日丙子日巽时记
燕京右街检校太保大卿大师赐紫沙门觉苑
玉河县南安窠村邓从贵合家承办永为供养

碑文二

上述碑文的背面，即石碑的阴面，记有出资修建寺庙者及其家人姓名，受气候因素影响，文字已漫漶不清。

前院与第一、二重殿间的院落内还有几座石碑。有些仅一面刻字，有些两面皆有碑文。以下是与寺庙建造相关的部分：

碑文三②

御制大觉寺碑

开头先是对佛教的称颂，接着：

……恭惟圣母皇太后，仁圣之德，本乎天赋。清净自然，有契慧旨。至诚所存，一务博施。惟欲覆载之内，万物咸适其宜。是以深居九重，日享至养，而每食必虑下之饥，每衣必思下之寒。朕日侍左右，习聆慈训，拳拳钦服，奉行惟勤。北京阳台山，故有灵泉佛寺，岁久敝甚，而灵应屡彰。间承慈旨，撤而新之。木石一切之费，悉自内帑，不烦外朝。工匠杂用之人，计日给佣，不以役下。落成之日，殿堂门庑岿焉奂焉，像设俨然。世尊在中，三宝以序，诸天参列，鹿苑鹫山，如睹西土，万众仰瞻，欢喜赞叹，遂名曰大觉寺。惟圣母茂斯功德，盖上以集隆福于宗庙，中以延鸿祚于国家，下以普慈济于幽显。至仁之施，愈远且大。夫宗庙享其福，国家保其祚，幽显蒙其济。天佑圣母，善庆在躬，福寿隆盛，永宜茂衍于万万年。谨刻石载寺之成，而系以诗曰……（此处略去颂诗一首，对象为佛教和皇太后。）

宣德三年（1428）四月初七日

---

①1000钱大致相当于如今的3马克。——原注
②参见《北京图书馆藏中国历代石刻拓本汇编》第51册，中州古籍出版社，1989，58页。——译者注

按照时间顺序,这里先插入一段铭文,出自钟楼(42—43页,图88;47页,图100—图103)内的大钟,以汉字和梵文两种形式铸于钟身。

碑文四

宣德五年(1430)岁次庚戌秋七月吉日
僧禄司(掌管僧人的官方机构)右讲经月纳耶室哩志书华字
括苍季良书梵字
荥阳邢恭提调铸造僧

接下来的内容仍出自石碑。下面这篇有关皇帝下旨重修大觉寺。

碑文五[①]

昔我皇考宣宗皇帝,奉圣祖母太皇太后慈旨,修建大觉寺于京师之阳台山,以隆宗庙之福,以延国家之祚,以普济于幽显。盖昭乎如天旋日行,万众所共欢忻瞻仰,而赞叹于无穷者也。今虽銮驭上宾,然尤日切。朕念每诣山陵谒祭,延望伊迩,能不益兴追慕之思,间自中道,躬谒寺下徘徊久之。顾岁颇久,颓弊日增,惧无以副圣慈在天之灵,乃命易其故廓。其隘凡诸像设,与夫供佛之具,居僧之舍,亦皆新而大之。固所以副圣慈在天之灵,而抑以称皇考承顺乎亲之大孝也。……(此处略去对大觉寺环境描写及对皇帝先祖的称颂。)今大觉寺之修,先后悉出内帑财物,而佣工力成之。民无知者,于其成之岁月,谨识其事于石,而为铭曰……(此处略去颂诗一首,对象为佛教、皇帝先祖和大觉寺。)

正统十一年(1446)十一月初一日

第二重殿前北面还有一座石碑,只阳面刻有碑文,年代稍早于上一篇。

碑文六[②]

朕体天地保民之心,恭成皇曾祖考之志,刊印大藏经典,颁赐天下,用广流传。兹以一藏安置大觉寺,永充供养。听所在僧官僧徒看诵赞扬,上为国家祝釐,下与生民祈福。务须敬奉守护,不许纵容闲杂之人,私借观玩,轻慢亵渎,致有损坏遗失。敢有违者,必究治之。

正统十年(1445)二月十五日

[①] 参见《北京图书馆藏中国历代石刻拓本汇编》第51册,中州古籍出版社,1989,147页。——译者注
[②] 同上,131页。——译者注

之后这篇碑文出自第二重殿前南面的石碑。内容如下：

碑文七[①]

御制重修大觉寺碑

朕惟大雄氏之教，以济利为用，利国利民，其用之大者。故自其教入中国，千有余年，日新月盛，岁积世满，信用不疑，上下一轨。我太祖高皇帝混一区宇，太宗文皇帝靖安家邦，爰创爰绍，为万世子孙法。事神之礼，固罔敢忽，佛氏之教，亦未或遗。乃都城西北一舍许，有山曰阳台，有寺曰灵泉。山势盘环，水流萦迂，木郁以苍，草茂以芬。盖天造地设之胜境也。旧虽有刹，不足以称神明之栖止。宣德戊申，我皇曾祖妣诚孝昭皇后，命中官董工修葺。缔构既成，因易其额，曰大觉寺。后二十一年，为正统丙寅，我皇考英宗睿皇帝，万几之暇，车驾幸其所。觌其像已晦，堂已皇，载命新之。后又三十二年，为成化戊戌，我圣母皇太后追思曾祖妣之仁，又世居其山之麓，乃矢心重造。特出宫内所贮金帛，市材僦工。凡殿宇廊庑楼阁僧舍山门，靡不毕具。实奂实轮，浮于前规，寺额仍旧。工既告完，故事宜有文于碑以传。……（此处略去对佛教和大觉寺的称颂。）

成化十四年（1478）九月初一日

剩余碑文之中，再无涉及本寺历史的重要信息。根据之前的七篇碑文，可以总结出以下内容：

辽朝时期，如今大觉寺所在地已建有名为"清水院"的寺院，又名"灵泉寺"。辽咸雍时，一位留有姓名的虔诚信徒出钱三十万修建僧舍，并于去世前再捐五十万印《大藏经》，供寺院使用。1069年，寺中特地对此善行树碑留念。1428年，宣德皇帝发现原先的寺院已破败不堪，便遵照母命，动用内帑，在原址之上重建新寺，更名"大觉寺"，此后又于1430年命人铸造大钟，安于钟楼内。1446年，正统皇帝重修寺院，增建僧舍佛堂，将其规模扩大。一切费用同样出自内帑。此前一年，他曾下令刊印经文全集，并将其中一部赐予寺院。大约1478年，成化皇帝的母亲派人再次扩建寺院。

碑文七便是为纪念此次重修而作，同时文中还提及且证实了之前几篇碑文的内容。鉴于此后并无其他碑文存于寺内，因而可以推断，自1478年起，寺庙形制再未发生过显著变动，整体格局一如当年。如今寺中各建筑物的外部情形也与这一推断完全吻合。

[①]参见《北京图书馆藏中国历代石刻拓本汇编》第52册，中州古籍出版社，1989，140页。——译者注

图3 位于1号院和2号院之间的山门建筑（二道山门）

建筑群位置与布局

在中国，无论建造宗教性还是非宗教性公共建筑，首先要考虑其预期选址是否符合风水条件。自古以来，中国便设有特殊机构对此事进行核实。它不具宗教性质，即其内部成员并非僧侣道士，而是精通风水问题的行家。这些官员声望极高，在建筑事宜中发挥着重要影响。风水是一个与宗教有关的议题，按照宗教观念，风水要求一座建筑的位置和环境既不会招使恶鬼带来厄运，也不会阻挡或影响逝者亡灵的夜行之路。好的风水意味着所有这些情况都应显示吉相。宗教传说和传统习俗规定须满足某些特定条件才能达到这一目的，具体有哪些内容，则由前面提到的风水衙门全权评估判断。如此看来，这一部门几乎拥有无限的权力。由于普通人很难接触到其中涉及的规则知识，它们仅掌握在极少数有才能的人手中，而且似乎不容置疑，这种无上的权力由此便可见一斑。

如上所述，风水要求决定了建造寺庙的地形和环境，按风水术语可将其格局形象地表示为：左卧青龙，右卧白虎，前有流水，以带走邪气。

据说大觉寺便符合这些要求，人称风水宝地。不过，从一名欧洲建筑师的非宗教视角出发，大致可对其地理位置做如下描述。在辽阔平坦的北京平原上，高耸着一座多石山脉羊山①。不过丘陵只是作为过渡，山脉海拔很快就陡然直达约1000米，之后更是在妙峰山攀至1500米，在百花山高达2500米，在更深处的小五台山甚至可达4000米。②这些山峰没有森林植被，但陡峭的石坡草地丰茂，长满了低矮稀疏的灌木。连绵的山脉轮廓锐利，变化多端，时而像一座座马鞍，时而高耸入云。峭壁嶙峋的横谷和斜谷，由雨季时沿陡坡奔流而下的溪涧冲刷而成。大觉寺便坐落于这样两条溪流之间、东向山坡上高于谷底约100米的一片凹地上。（图4、图5）山脉的主峰可以抵挡西风，两边的高耸山峰可阻挡住南风和北风，四周环绕的冷杉和橡树林，则进一步构成一道遮风挡雨的屏障。寺旁有条河流自西南流向东北，它在一年中大部分时间都处于干涸状态，只有雨季时（6月至8月）才会水势上涨，变成湍急的山涧。即使在我们看来，在这里修建大型欧洲修道院一类的建筑也是极为合适的。如此说来，或许最初对于选址的种种要求只是因需要而定，直到后来才将其与中国人的宗教观联系在一起，并从宗教体系中引入各种名称。随着时间的流逝，这些名称逐渐形成一种礼仪习俗，并被视作宗教教义的产物。最后，某种规则模式发展成型，而再使用这些名称时，对于规则本质的理解已经遗失，正如在西方国家，尤其是在宗教和艺术领域，至今仍时常发生的那样。

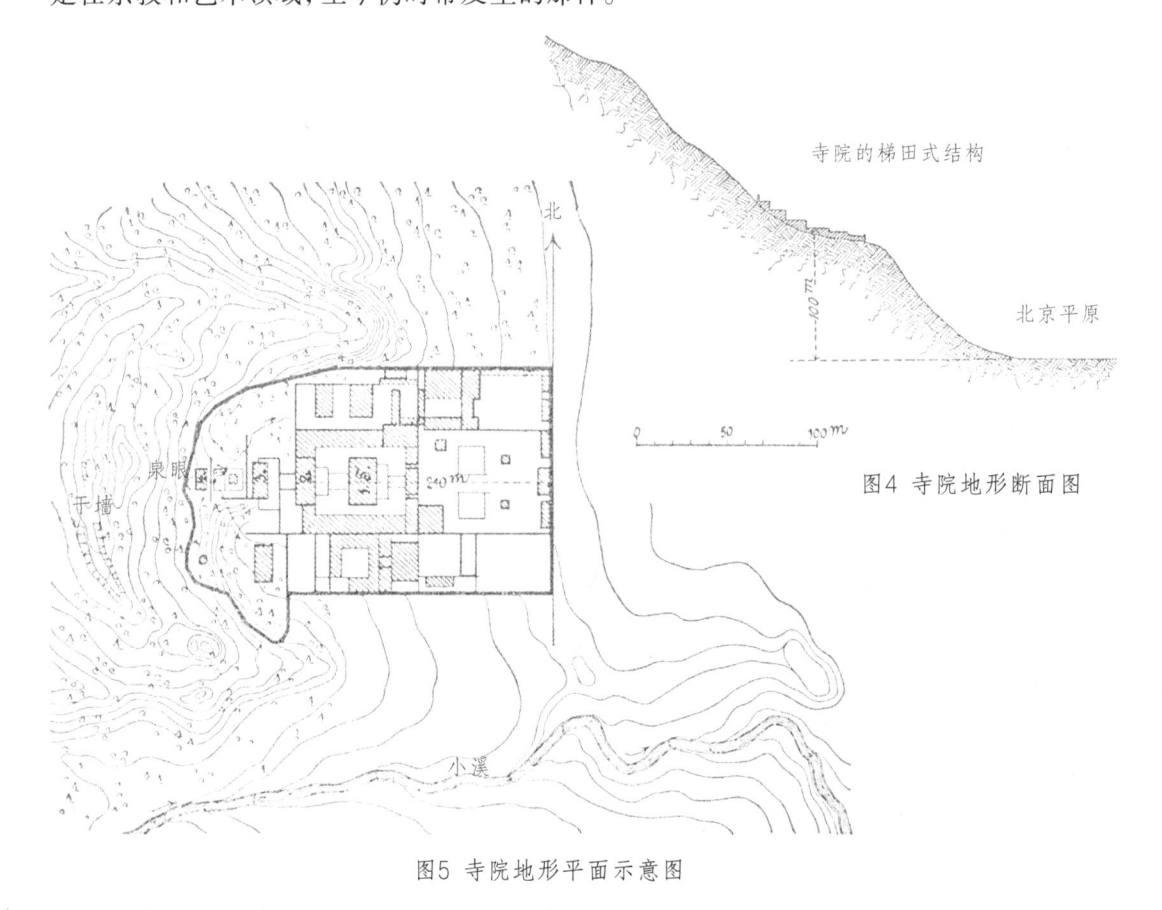

图4 寺院地形断面图

图5 寺院地形平面示意图

①此处应指今天的阳台山。——译者注
②妙峰山海拔1291米，百花山主峰海拔1991米，小五台山最高峰海拔2882米。原文疑似作者笔误。——译者注

整座寺院的平面图可以参见42—43页，图88。它的几条轴线，以及在此基础上建起的所有建筑物，均严格遵照方位走向——主纵轴线由东至西，横轴线全部由南至北。纵长最长处为262米，宽为126米。

　　寺前空地与谷底平面所呈坡度为1:20，高度如前所述，约100米。在它东面立有一面高3.5米、长7.2米的墙壁，名为"影壁"。这面独墙依照风水要求而设，可以起到阻挡煞邪进入对面主山门——头一道山门[①]的作用。

　　经过一段1.5米高的上坡，跨过山门，便来到了寺院宽阔的主院（平面图上的1号院），它在中轴线上以1:40的中等坡度向西抬升。院子长70米，宽56米，面积约3920平方米。山门两侧的外墙围住了院落东面，南侧和北侧各有一道2米高的院墙将中路与两侧院落隔开。一些小型建筑与设施，以主轴为轴对称分布于院落之中。山门旁紧邻东墙的两座建筑物是仆役和门房的住所，门前各有一固定旗杆的石制底座（49页，图115，旗杆现已不在）。继续向西是两座小巧的碑亭（52页，图123），四面开门，内立一通龟座碑刻。再往里走是两个围有石头栏杆的莲花池，一座拱形石栏小桥夹在中间，两座石基石灰岩狮子雕像（41页，图87）分立桥头两侧。院落尽头是两个外形完全一致的塔形建筑物，北面为钟楼，如47页图100所示，南面为鼓楼。对称而立的古松和院子东北角的小竹林为这个充满意趣的画面添上了圆满之笔。

　　院子西面是一排建筑物，其中最引人注目的是主轴上作为入口的第二重山门，即二道山门[②]（46页，图94—图96；11页，图3）。该殿两侧是一对镶有木门的走廊，一排房间与之相连，北边几间是厨房兼斋堂，南边分别是储藏杂物、粮食和油的房间以及僧舍。这排建筑正面朝向第二重院落（平面图上的2号院），三扇相邻的大门可供通行。该院以1:30的坡度向西抬升。布局同样严格遵循中轴对称原则。位于中央的是第一重殿，也是寺院的正殿——大雄宝殿（44—45页，图89—图93；50页，图119）。该殿东面设有宽阔的月台，几乎与大殿等长，配雕纹大理石围栏。月台通过一段台阶和低于月台约1米的甬道，与天王殿相通。甬道立面砌石，石板包边，中间以砖石铺成规则图案。低处的甬道和高处的月台左右两边均有台阶通向地面。南面和北面的两组房间遥相呼应，构成院落的边界。这些小型的一层建筑是高僧们的房间，附有立柱檐廊和三个内间。两座建筑的西墙下均为带有木门的通道，通往南北侧院。经过通道向院落深处走，则是左右两排供贵客使用的客房（46页，图98、图99）。

　　第二座主殿，即无量寿佛殿，几乎占据了（第二重）院落的整个西面，其中也有甬道和台阶与大雄宝殿相接，结构与大雄宝殿和天王殿的连接处相仿，但仅在地势较高的殿前月台处设台阶供人上下。如49页图116—图118所示，这里的甬道和台阶在建造方式和艺术造型上与前文描述的完全一样。正中的主殿两侧建小型佛殿各一间，由独特的台阶

[①] 即山门殿。后文均以山门殿指代。——译者注
[②] 即天王殿。后文均以天王殿指代。——译者注

相连，佛殿内置有几座佛像，一个供桌，以及过往圆寂方丈的塑像。

无量寿佛殿高出院落地面十级台阶，来到背面时，地势猝然变陡，斜率由1∶3升至1∶2。大殿背面1—2米处有一段颇高的护墙与之平行，一条3米高的甬道从中穿过，尽头到达另一座护墙，穿墙而上又是一片再次拔高约5米的平台，通过台阶与佛殿相连。此处的两层小型建筑是同在中轴线上的第三重殿①（17页，图9）。它背后，有一座二层护墙连着高出佛殿平台8米的另一片平台。佛殿南面有一条石径，连通前后平台。殿后平台中央，一座17米高的佛塔耸立于方形砖石基座上（48页，图104—图106；53页，图125）。佛塔为砖石砌筑，雕花复杂纷繁，独具特色。塔底呈八角形，中部浑圆，上部覆有饰物铸铁顶盖。塔身封闭，无法进入，仅有一装饰性石门。据僧人介绍，这是一位住持的坟地，他是寺内最早的一批高僧之一。众所周知，别处此类佛塔似乎大多藏有舍利，例如佛祖的牙齿或是脚趾。佛塔向西，依旧在整座寺院的主轴线上，一眼泉水汩汩流淌。如今的大觉寺前身是一座古老的小寺院，其别称"清水院"，又名"灵泉寺"，便是因此泉水而得名。至于是寺院的主渠依泉眼位置而定，还是改变了原本的泉眼的位置，或已很难考证，可能是两方调和的结果吧。该泉日复一日提供着大量优质饮用水，泉水通过一个龙首吐水口流入一方石砌水池，水池三面护有雕纹狮头石柱和镶嵌于其间的石板围栏。第四面，也就是水池的东边，铺了块方形石台，僧人可在此向着第四重殿的佛像，下跪叩头，以额头触地三次。

水池西侧的第四重殿②（28页，图49）又是一座两层小型建筑，佛塔平台两侧修石灰岩石板阶梯，各有一条通往该殿。这些台阶既与底层的开放檐廊相连，也可上达二层的山墙门，通向二层外廊。佛殿后身不远处，便是依靠着陡峭多石的山体的寺院围墙。

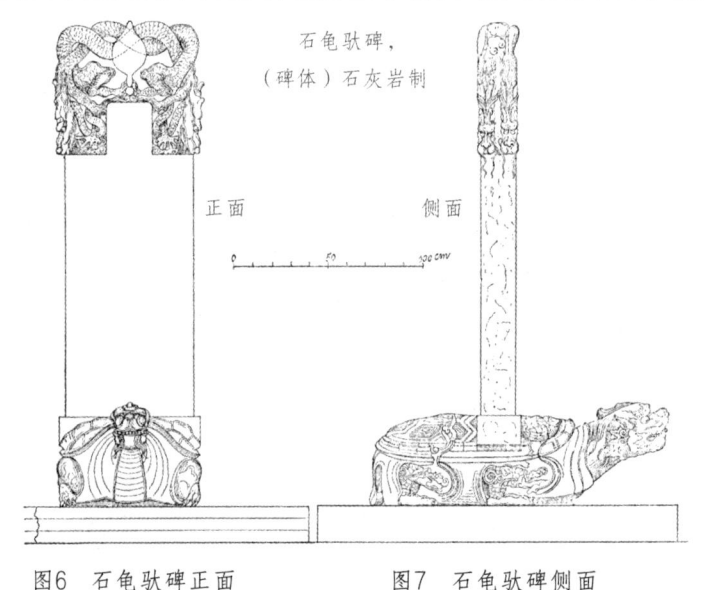

图6　石龟驮碑正面　　　　图7　石龟驮碑侧面

---

①即大悲堂。——译者注
②即龙王堂。——译者注

值得一提的还有一通独立的石碑，碑体高大，立于巨型石龟之上，碑石刻有记载建寺历史的古老碑文，本书已在介绍寺院历史时给出译文。6页的图2与14页的图6、图7所示石碑是无量寿佛殿东侧月台旁两通石碑中的南边一通。寺后陡坡上秀木成林，2号院中轴两侧也对称种有参天大树。其中一棵名为白果树的古木因其干围9米的巨大身形，尤为引人注目。这些栽种于院落的树木经过精巧构思，位置分布与建筑学规律相符，因此完全可以把它们看作整体建筑的一部分。在这里，一旦有树木死去，便会移栽新树代替。而花园和庭院中的林木则品种多样，布置上极为随意。

上文所述的建筑设施自成一体，构成了整个寺院建筑的中路。寺中另外还有南路和北路两个区域。

南路建筑同样也有主轴线，与中路轴线平行，相距约44米。由东向西首先是几个已经荒废的园子，接着便是一间栽有树木的开阔院落（42—43页，图88的3号院）。院内三面围墙，第四面（西面），以一座大型佛殿为界；南墙下是一小排厢房，与其他建筑一致，均为一层建筑。目前，只有一些小型宗教活动在此举行，平时则用作普通僧人的起居室和寝室（目前寺内普通僧人7名，包括住持在内的高僧4名），他们的床铺叫作炕，呈长排状分布在墙边。佛殿正门向西，对着一条宽敞的横向石子路走廊，北山墙旁另有一门也通向此处；走廊南端设有一组茅厕，前面有墙壁隔挡，北端向下走可到达前文提到的2号院通道，由此，寺院的南路和中路得以连通。

石子路走廊正中开有一门，木门石基，形似亭榭，两个大垂柱从檐角垂下，尤为独特。门扇向西开，通向一座别致迷人的方形小院落（平面图上的4号院）。该院长9米，宽8.5米，占地76.5平方米，可从51页图121、图122瞥见其风貌。院子南北各是一座三间的独栋建筑，分别为下房、茅厕和杂物间，杂物间前置有一块小院；建筑物设有檐廊，高于地面约0.5米。西边的住房设置类似的檐廊，房屋体量更大，内有五间较大内室。这里原本是方丈室，现为贵客的客房。位于正中的房间内有把极为著名的椅子，为乾隆皇帝在此小住时所用。檐廊基座均为石砌包边，院内装点着小丛树木，两条铺地小道呈十字交错；沿着廊台造有衬砌规整的小渠，清澈的山泉水从中潺潺流过。一口陶土烧制的大水缸立在院子中心，里面养着水草和金鱼。

院落西侧，地势开始变陡，此处同样建造了穿过护墙的甬道。客房后门对着一条天然石板路，这些有着裂纹的石阶穿过一座假山——一种至今在中国仍很流行的装饰物，向上延伸至高处的平台，平台正中映入眼帘的是一座大型建筑。多年来，这里一直被德国驻北京公使租用，作为消夏的去处。房子前厅面积颇大，由木柱支撑，封有纸窗，屋内有起居室和寝室共五间。南边山墙紧邻一间茅厕，北边山墙对面的院墙上开着一道圆形拱门（16页，图8），门后是一个侧院（平面图上的12号院），院北的小房为仆役的住所和一间厨房。主屋后面又是几座漂亮的假山，山石下方围出一块池塘，佛塔后的泉水经小水渠汇于此潭。一条原石小径盘绕假山外围，通往一座六角小亭，亭子完全敞开，内有石桌石凳

（54页，图126）。从亭子可以俯瞰寺院全景，还可望见一部分北京平原和周围山峰的壮丽景色。蜿蜒的步道穿过西侧边界墙附近的区域，与佛塔和泉眼处相连。

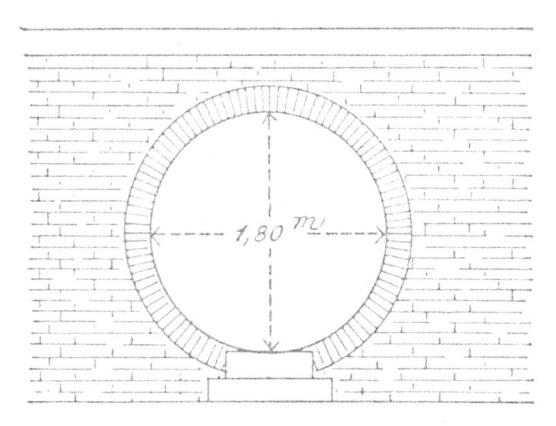

图8 圆形拱门

北路建筑的布局不甚对称。只有西边的建筑按照一条距中轴线41米的纵轴排列，东边的设施则略向北偏移，排列无序。由寺前山路向北，沿着外墙直走再左拐，便到了院落（平面图上的5号院）大门，门内是宽阔的生活区大院，长38米，宽34米，面积1292平方米。院子三面建有生活附属用房。大门左右两侧分别为仆人和门房的住处，再旁边是马厩、骡棚和驴棚。北侧有一间磨坊、一个谷仓、三个拴骡或马的隔间、一间供奉着农业保护神的小佛堂，佛堂左右有两间杂役下房，最后是另一间磨坊和两个拴马隔间。院子西侧有一个特别用墙隔出的小院，里面是牛栏和猪圈。在这座生活生产用庭院的南侧，墙下又有泉水在小水渠中涓涓而过。

顺着院落西侧的坡道可登上一片平台，平台连接着一条夹墙走廊，走廊南墙开有一门，可达1号主院中部。走廊尽头又分出一条北向走廊，通过其中两扇造型奇特的门可至6号院和7号院。这两座内院均有一座三间的正房以及耳房与下房，与上文4号院中的建筑基本类似。

这部分院落与西边其他北路建筑并不直接相通，只能经1号院和2号院到达。走入9号院，人们先会看到，两排小房间分列东、北两侧，供香客和普通僧人居住。东北角有一过道，向北可见一排茅厕，向东可达另一个院落（8号院）。这里的东、北两侧也分别建有一排小单间，另带一个设有茅厕的小偏院。

9号院西侧坐落着一间佛殿，目前用来安置到妙峰山朝圣进香的大批善男信女。由厅堂东北角门可进入北山墙外的花园，沿南山墙继续行进则是10号院，院子西面又是一座佛殿。此处同样不再举行宗教活动，而是改为斋堂，为朝圣香客、普通僧人和仆役提供斋饭。屋子背后是11号院，西面建有护墙，以隔开逐渐变陡的斜坡。护墙南端，一条石灰岩板台阶和与其相连的坡道随山势而上，最终通到佛塔平台。一条依山路而下的石渠将泉水引入北路区域。

从平面图上看，整座寺院布局清晰统一，分工明确。以三条平行轴线将寺院分成三部分的设计，构思尤为精巧，令人赞叹。中部是举行宗教仪式的主要场所，掌管寺院的僧侣和一些尊贵的客人也居住于此，旁侧部分的建筑则履行一些次要的从属职责。此外，生活附属用房的设置也同样巧妙。进行世俗活动的院落尽可能远离了宗教场所，但地点并不偏僻，不会影响到日常活动和监督管理。不难看出，设计力图构思严密，避免落于窠臼。尽管建筑中近乎迂腐地遵循着中轴对称原则，但更为可贵的是，它巧妙利用了地势特点，达到一种富有变化、活泼灵动的布局风格。单独来看，各建筑群自有意趣和美感；纵观整体，布局的抬升起先平缓，接着跨度逐渐加大，随着山势愈发高耸，平台坡度也愈发陡峭，如此布局之下的寺院建筑既别有风韵，又庄严肃穆，令人印象深刻。

　　寺内供水问题也通过最佳方式得以解决。正如前面几处所述，泉眼位于顶部平台的高处，衬砌石渠由此出发，时而是暗渠，时而在明处，通向寺院各方，使得在每个需要用水的地点，都能从最便利处取到丰富优质的水源。寺院内并未发现与此配套的排水设施。人们似乎任意处理用过的废水，雨水也任其渗入地面，或许这也是一部分低处建筑特别潮湿的原因所在。

图9 第三重殿

建筑结构与材料

大觉寺所有的殿宇建筑、居住建筑和生活附属建筑就结构而言，均属木建筑。只有寺院的围墙、界墙、建筑物外的台阶、甬道、平台，以及大佛塔可算作石结构构筑。殿宇和其他建筑物的墙体仅作为承重木结构之间的填充，或者只具装饰意义，没有支撑作用。因此，人们可以将大觉寺建筑归为已知最原始的结构类型，其建造方式是人们在建造大型构筑时所用最古老的方式——纯木结构，这种流传至今的结构，本身并不包含任何铁连接件或其他辅助构件。人们如今认为的古典石庙的前身就是相同结构，其外观及组织方式也与最古老的希腊石构极为相似，对此，后文还将有所提及。在华北的一些庙宇及蒙古地区的喇嘛庙中可以看到相同的构筑方式，不过这些寺庙中也有应用一些小的拱券及拱顶，涉及砖石。明陵和汤界寺（Tang-chie-sy）中，拱券结构被用于走道及大殿堂中的小空间划分上，只不过都只用在了次要的地方。大觉寺东南约4千米处的山顶上有一处寺庙群，其中的侧殿中亦可见两个雕刻精美的小型穹顶，不过这一结构（约建于50年前）历时尚浅，若没有在更早的建筑上看到这种拱顶构造，那认为该结构源自欧洲似乎并无不妥。大觉寺内未见拱顶，只有零星的券门和券窗，且仅出现于附属建筑中。第2页图1与第47页图100、图101所示的钟楼券窗便是一例。窗拱上雕有复杂的藤蔓图案，象征着拱形中的压力传递。

在简述中国建筑中常见的建造方法之前须首先说明，中国的建筑通常没有真正深入地下的地基，只有外国人兴建的建筑会如此施工。这一现象来源于中国人害怕破土的信仰，因为根据古老的民俗，那样会使土地神受到惊扰。建造地基的常见方法是，在整个建筑的地面或仅在其墙体下挖开表层土，铺上泥和石灰混合而成的灰土层，再仔细夯实。

灰土层置两排至多排柱基，上承方石、立木柱（19页，图10），木柱顶端由纵横木梁相连以承天花，其上再立小柱支撑整个屋顶结构。令人惊讶的是，建筑中纵横方向上都没有使用任何斜撑或三角形加固构件，即使在今天的中国建筑中也是如此。尽管如此，这些建筑并未在上百年岁月后出现太大的变形，这一来得益于所使用的木材非常坚固，二来所有的木结构节点的榫卯交接都非常谨慎且精妙，而且房子至少有三面的木柱之间填上了墙体。

第19页图11、图12所绘是填充墙体，尤其是后墙和山墙处的砌造方式。墙体与木柱相接处做大倒角处理，这样的外观便已表示出其不具备承重的性质，而只能当作补充、附属的建筑结构。这种处理方法使墙体之间的联系被完全打破，而木材既可以脱离墙体包围，不致产生危险，又可以保持干燥。中国建筑师为了使木料保持干燥，从而达到更加坚固耐久的效果，可谓小心谨慎，煞费苦心。他们将厚重的殿柱建于石料之上，也是出于这种思虑。由于此地气候时常变化，时干时潮，木材尤其容易腐烂，人们便采用了一种独特的空气流通设计——在墙的外侧留一个10乘16厘米的大开口（19页，图13、图14），里

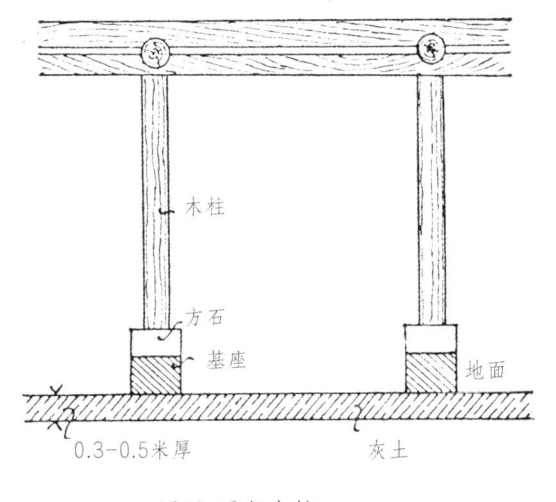

图10 平行木桩

图11 墙体砌造

图12 墙体转角砌造

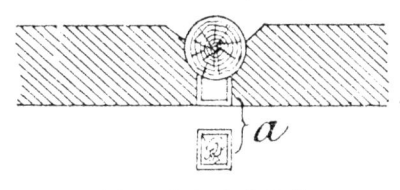

图13 空气流通设计

图14 中空砖块（a）细节

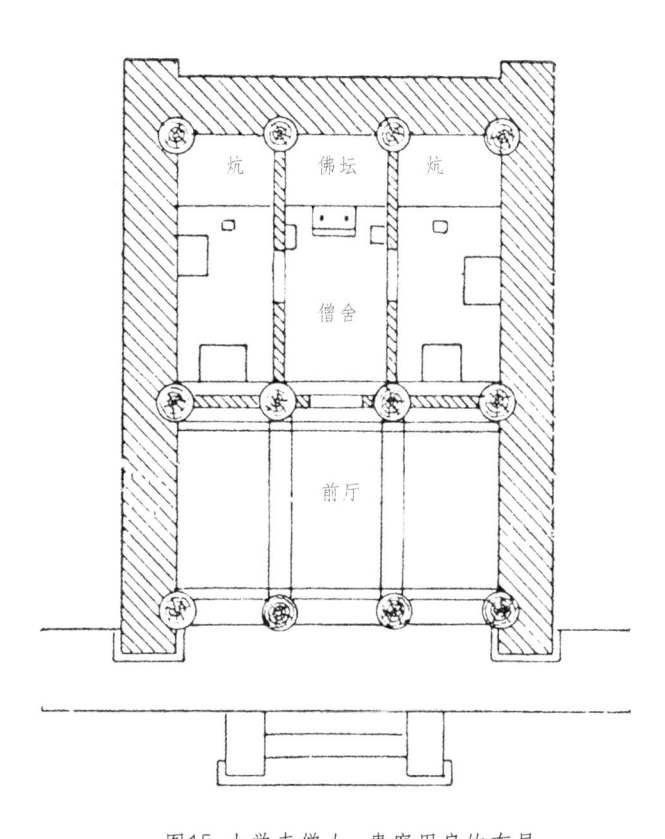

图15 大觉寺僧人、贵客用房的布局

面镶入一块刻有花纹的中空砖块a。墙体向上通常只达额枋下缘，在寺院建筑中距屋顶下表面约1米远。此处也作成倒角，再施以覆盖物。承重结构之间的最上部使用木头进行填充。图15展示了僧人和贵客住所的实例，这种构造在大觉寺的殿堂建筑上多有施用，与前述墙体略有不同。有意思的是，这种房屋形式与古希腊壁柱式神庙极其相似。

灰泥在建筑中的应用频繁而普遍。不仅墙面上会施用，木材表面也会施用，例如木柱、梁体、井格形天花，以及木门和木窗的外表面。这种灰泥既可用作基底，上施鲜艳奢华的彩绘，也具有建筑功用，防潮防虫，这一点在南方尤其需要加倍注意。只要这些灰泥能保持附着或时常补涂，暴露于外的木结构就基本能在500年的时间里保持坚固不朽。人们涂平面时，会将灰泥与细竹纤维或其他细碎的植物纤维混合，再抹到房屋砖墙上，这些原料多取自绳类加工时的余料。混合灰泥有时涂得极薄，不超过2至3毫米厚。之所以产生了这种加入纤维的方法，或许是由于缺少优质沙子，致使灰泥黏着力较差。在木表面抹灰的工艺也很特别——不需要把表面打毛，也不使用芦苇、金属线等类似工艺，直接将灰泥涂抹在刨平的表面上。因此尤其在近一段时间，多处灰泥已或大或小地剥脱斑驳，使得大面积木表面如今失去灰浆保护。如此一来，表面华丽昂贵的彩绘也随之脱落，木材裸露在空气中，任其侵蚀，格外令人惋惜。

　　寺院地面由大块石板铺就，长宽均为50厘米，质地为烧制的青灰色砖石。高级一些的房间地砖较小，使用的是边长20至40厘米的正方形青灰色砖。面积较小的房间和生活附属用房则用黏土加固地面。生活附属建筑和仆役房间的地面略高于屋外院落的地面，香客和僧人的房间则高出2至4级台阶，殿宇建于台基月台之上，比非宗教建筑高10至12级台阶。

　　寺院的天花为水平建造的纯木质结构。图16—图18展示的是大雄宝殿的天花构造。人们抬高ef、gh二梁的高度超过柱顶，加入梁eh、fg，在天花内围出一个约80厘米高的宽大方形空间，空间正中嵌有一个高大的八角穹顶藻井，一条栩栩如生的巨大蟠龙从中俯视殿下。梁上搭有纵横交错的木条，将天花平面分成许多方格（44页，图90平面图）。每个方格框架由16乘16厘米规格的硬松木组成，中间镶有60乘60厘米至60乘80厘米规格的大块木板，通过两根嵌入燕尾槽中的木条加以固定（图19）。

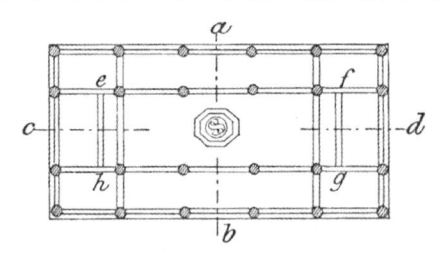

图16 大雄宝殿天花构造的平面图 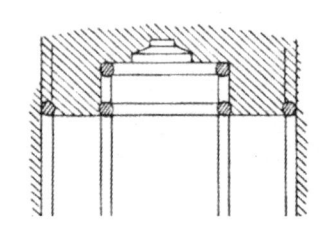　　　　图17 剖面a-b

图18 剖面c-d 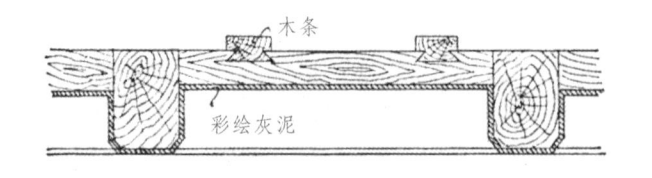　　　　图19 天花构造

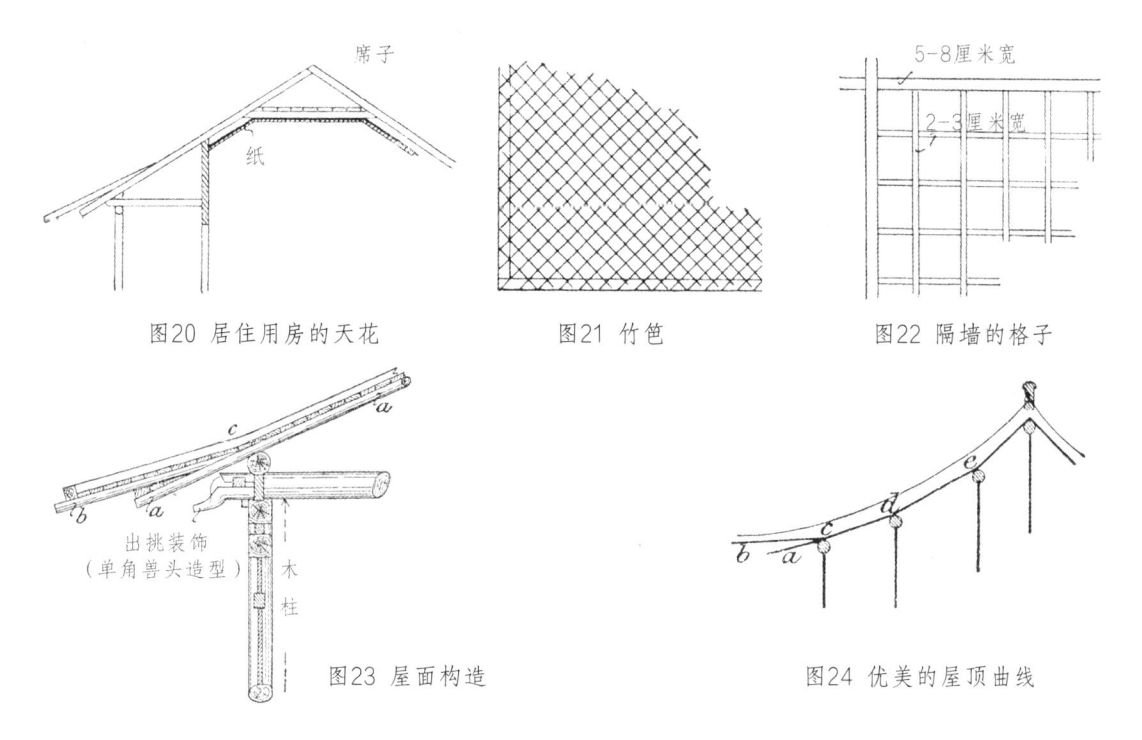

图20 居住用房的天花   图21 竹笆   图22 隔墙的格子

图23 屋面构造   图24 优美的屋顶曲线

  宏伟的大殿、两座山门殿、所有住房和生活附属用房均只有一层，仅佛殿和较高级的房间内装有夹层天花将屋顶空间隔开。位于高处的两座佛殿则有两层，二层同样用于宗教活动，一段陡峭的直跑木梯通往其上。距离大觉寺西80千米处有一汤界寺，也有一高大的二层佛堂，两层均供奉佛像。

  居住用房的天花几乎修建到了屋顶，因此是分作几段（图20）。整个构造异常轻盈，用一张带有约8厘米宽纹路的薄竹笆，上面通常再铺大张草席，底面糊灰白纸。次等房间内则直接可见屋面椽子和屋顶框架。

  室内空间分割也使用轻质隔墙，构造简单。先用5至8厘米厚的薄木料交叠成1米见方的格子（图22），格内再由纵横交错的2至3厘米厚的木条分割，最后在木条两面糊纸。更加坚固的隔墙为半砖或单砖厚的墙体。住房的山墙和后墙为单砖或双砖墙。

  在东亚民族的建筑艺术中，最为与众不同的便是屋顶的造型。虽然无法近距离观察大觉寺殿宇的屋顶，不过根据传承下来的大致标准，它或许与第46页上天王殿（即二道山门）、一座僧舍和一座客房建筑的屋顶结构——尽管明显缺少天花——大体类似。如插图所示，屋架的构造与其他地方并无二致，毋庸赘述。与欧洲建筑方法迥异的是屋面的构造（图23）。圆形或方形松木椽a厚8至10厘米，上铺一层3至4厘米厚的搭接木板。两根椽木的间距为1至1.5倍椽宽。檐角椽a上架一飞椽b[①]。再在盖板上铺一层灰浆，使c处以及檩d、e上产生的折角（图24）成为弧形，最终得到优美的屋顶曲面。灰浆层平均厚10至15厘米，仅由砂土和熟石灰混合而成。在此之上放置凹面底瓦m，沿屋面摆放，或以2

---

① 原文为c，应为作者笔误。——译者注

至3厘米的长度相交叠，或者相互搭接，形成沟槽状瓦垄。底瓦之上覆扣凸面向上、相接排列的筒形盖瓦n（图25、图26）。屋瓦内的空间和间隙全部用灰浆填充，所有开口接缝处用灰抹严。如果缺少这一步，可能无法将如此建造的屋顶密封住。涂抹接缝的工作必须时常进行。直到今天，每当雨季来临之际，仍可看到工人们在北京那些与古老寺顶一模一样的屋顶上，从事这项活计。大觉寺中没有图27所示盖瓦叠盖两垄底瓦的屋顶，但似乎有另一种造型存在，即不使用盖瓦，而在底瓦间用灰浆抹成一道弧形窄梗，又或上下瓦的接缝达到5厘米或以上，间隙a-b（图28）用灰封严。最后一种方法可以使盖瓦的投影效果更加明显，使大面积的寺院屋面不致太过单调。这种波浪造型与我们现代的波纹铁皮屋顶十分相仿。上述屋面虽然非常厚重，却极其适合应对炎热的季节。这是由于屋瓦、灰浆和木材的位置分层不同，因而构成了对阳光的有效阻挡。许是空气特别干燥清明所致，一些旅行者甚至声称，这里的阳光比在非洲热带国家的还要毒辣。

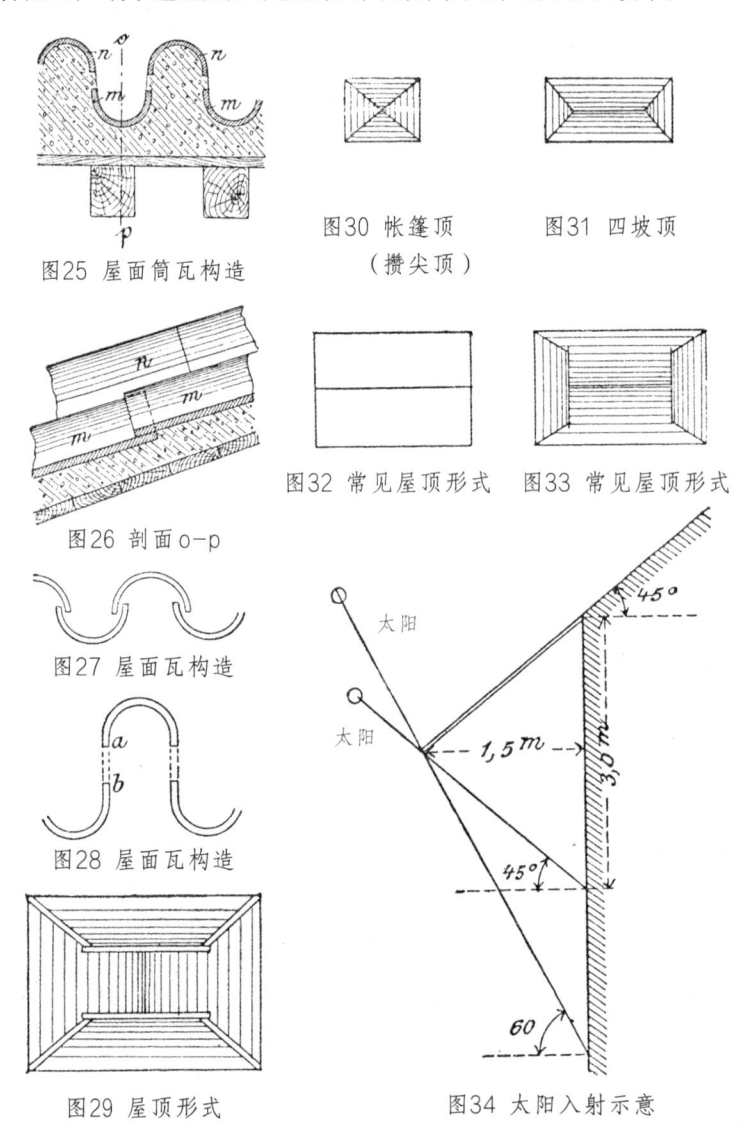

图25 屋面筒瓦构造

图30 帐篷顶（攒尖顶）

图31 四坡顶

图26 剖面o-p

图32 常见屋顶形式

图33 常见屋顶形式

图27 屋面瓦构造

图28 屋面瓦构造

图29 屋顶形式

图34 太阳入射示意

大型建筑的屋顶出檐深远，在寺庙建筑中可达1.5米，其目的是为建筑物提供遮蔽，尤其对完全木质的上部建筑而言，该结构可护其于风雨。至于这种屋顶弧线源自何处，一直都是人们讨论的内容。有人认为中国屋顶的前身是一种带曲面的帐篷。至于在当时的中国是否存在符合这种屋顶式样（22页，图29）的帐篷，此处暂且不提。众所周知，帐篷顶在技术用语中指的是各屋面在顶部交汇为一点，形成尖顶的屋顶（22页，图30）；只要屋面没有向上形成尖顶，称谓即随之改变，例如，屋面交汇成屋脊则称为四坡顶（22页，图31）。而中国的寺庙和住宅几乎仅以第22页图32、图33中的形式出现，如此一来，对中国的屋顶冠以"帐篷顶"之名，或者擅自认定它是由游牧帐篷演变而来，并由这种轻盈的结构逐渐发展成世界上最为庞大沉重的屋顶建筑，纯属无稽之谈。这种屋顶形式更有可能是在实际需要中应运而生。现有的屋顶材料需要安装在有斜度的屋顶上。为了保护木建筑，屋檐需做挑远处理，如果使其与屋顶其余部分斜度一致，保持约45°，那么就算太阳处在与水平线夹角45°的低位（22页，图34），墙体上部也将有3米——即整个窗户——彻底处于阴影之中，本已十分昏暗的殿堂内部采光便会更少。

　　和中国其他建筑一样，寺庙建筑中最引人注目的部位也是屋顶。与其他部分相比，人们对屋顶的造型和装潢投入了可观的精力和金钱，其程度远远超出欧洲一般标准。就连屋顶简化成几根椽木的马厩和库房，也是以另一种上好石板瓦作为屋面材料。另外，在浑河河谷①（Hun-Lo-Thal）的一些山村中，还可见到一种在铺盖好的石板瓦屋面上再贴弧棱a（24页，图35）的做法，a仅搭盖在表面，只起装饰作用。这种做法除了审美需要，更主要是中国人遵循旧制传统的普遍特质使然。

　　居住用房的屋檐由异形瓦构成，如第44页图89，第45—46页图91—图94、图96、图97、图99和第49页图109所示。圆形的勾头c②（24页，图36—图38）用在筒瓦尾端，滴水c通过尖头n引导雨水下泄。整座寺院建筑都不曾使用檐沟，即使现代的中国建筑也完全没有这一设施。上面提到的屋瓦为青灰色，接近半圆，1.5至2厘米厚，15至20厘米长，所用土质与墙砖相同，但烧制得更加坚硬。屋脊上脊瓦的接缝用黏土或石灰浆抹严，又或者在屋脊木结构上以瓦和灰浆砌一层防水层，将垂脊脊瓦置于其上，再用灰勾严（24页，图39）。在高规格住宅建筑中，山墙高出屋顶，并形成造型轮廓。

　　寺院殿宇用瓦尺寸更大，表面施釉。釉面至今保存完好，光亮如新；颜色从浅绿到深绿不一，还有碧蓝和金黄。勾头瓦上饰有浮雕，图案为中国的龙纹、植物纹或几何纹。屋脊防水层上镶琉璃瓦；山花板底端有平行于山墙的博脊aa（24页，图40），同样铺琉璃瓦，与戗脊bb相接。戗脊bb为正面屋面与山墙屋面的相交线，其造型似墙脊，带有脊饰，镶琉璃瓦。山墙屋面efgh呈梯形，如单坡屋顶般与山墙的木质部分相连，同时远远向外挑

---

① 后文还出现一"Hun-Ho-Thal"，此处或为作者笔误，此地名根据原文音译，暂无法考证，可能与实际情况有偏差。——译者注
② 勾头瓦指的是图37中的b，此处或为作者笔误。——译者注

出，防止水汽侵袭山墙木结构。馇脊尾端立有人像和兽像，自然有其宗教含义。在结构上值得注意的是，上述屋脊结构位于屋顶木结构上，导致了屋脊上许多裂缝的出现。

无论从平面图还是正面图来看，寺中大殿和山门（与世俗建筑的大门不同）的屋顶檐端均呈曲线状。从平面图中可以看出（25页，图41），只需逐渐加长屋角椽木便可实现这一效果。至于屋顶四周上翘的檐角，虽然其模样在外国人看来十分奇特，然而习以为常之后，又不免对其合理的处理手法，生出一种美的享受。有关飞檐的设计不仅简单且十分巧妙。最底端的两根檐檩a（25页，图44）位于同一高度，其上架设bc，与屋脊倾斜度一致。檐檩a上分别垫设枕头木[①]ef，如第25页图42所示，从e端开始逐渐向f端升起，e点便为屋檐曲线上升的起点。由于椽子ik（25页，图43）的k高于椽子gh的h，椽子gh的斜率遂大于椽子ik。借助于枕头木ef，便可轻松随意地实现檐角的上翘。角梁bc的末端套有兽首模样的陶件，传说其为会喷水的神兽。

不算上文已提及的瓦，寺中所用到的各种建材，除去木头之外，便属砖最为重要。令人意外的是，这些古建筑通常所用的墙砖，竟与德国标准砖的长度一致，长达25厘米，厚5.5厘米，较之德国的6.5厘米，更有利于搭接，宽则为12厘米。除此以外，寺内另有一种

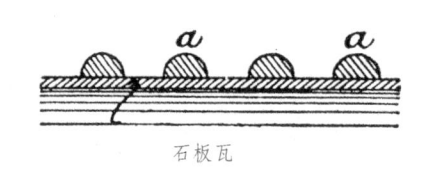

图35 屋面瓦

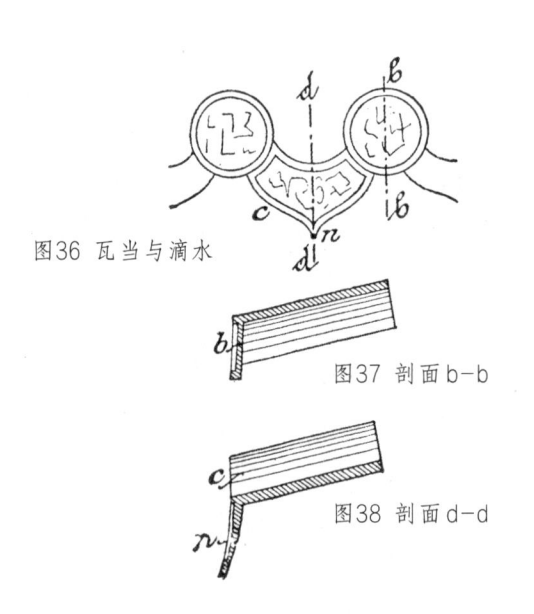

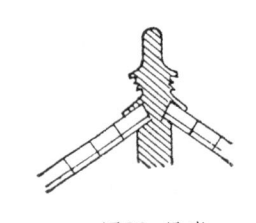

图39 屋脊

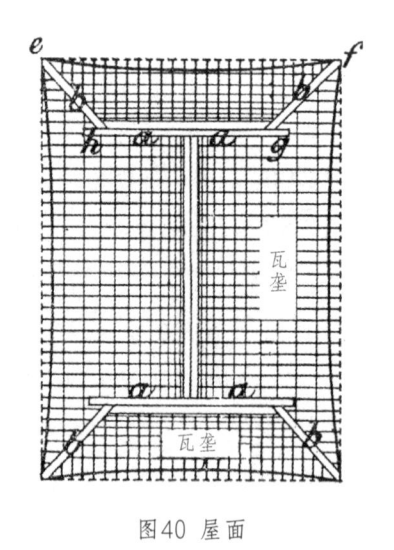

图36 瓦当与滴水

图37 剖面b-b

图38 剖面d-d

图40 屋面

[①]三角形木条，垫于檐檩上，帮助翼角起翘。——译者注

规格更大的砖，长43厘米、厚11厘米、宽21厘米。墙砖一律为青灰色，以细密的黄土（类似于莱茵河下游冲积层的土壤）为原料烧制而成。砖窑高10—15米，宽约5米，或圆或方，窑体以砖筑就。尽管煤矿近在咫尺，且原煤价格低廉，然而受运输条件影响，无烟煤成本过高，加之缺乏木材，砖窑只能以高粱秆为燃料。经手工塑形后的砖胚由手推车或挑大沿四周铺设的土坡送入窑内。砖胚的烧制过程与德国砖炉的运作方式并无不同，然而由于要节省宝贵的高粱秆燃料，此地的砖窑比德国砖炉多出一圈围墙。烧制完毕的成砖外形规则且表面平整，这既要归功于原料的细腻质地，同时也与塑形和小心翼翼的晾制过程密不可分。砖体音色清亮，却有失坚固，且不耐风雨。通常情况下，虽然砖身外部坚硬，内部却往往并未烧透，故而雨水一旦渗透表层，内部便会迅速风化。烧制过程中，若降低窑内温度，砖身便会呈青灰色，始终保持高温，成砖则会变为红色。有鉴于此，寺中以劣质砖构筑的墙体往往外层涂有灰泥，而质量较好的砖块不仅表面经过打磨，搭接手法也更为细致，砖与砖之间的接缝通常不超过2毫米。大殿外墙墙角便是一例。此外，砖体外部经打磨后，可有效阻拦潮气侵入。因此，历经近五百年的风吹雨打之后，这些砖块几乎未出现剥落。

寺中所采用的是一种高密度且颜色发白的石灰浆。石灰的来源可能有两处，其一便是位于寺南5千米处的石口庄（Schyh-Ko-Tschuang），村内的石灰窑迄今仍在生产。另一处则是位于浑河河谷（Hun-Ho-Thal）中的大型石灰岩矿，其废石场已有数千年的历史。石口庄中所产石灰以无烟煤为燃料煅烧而成。煤矿位于距村庄半小时路程的山上，共

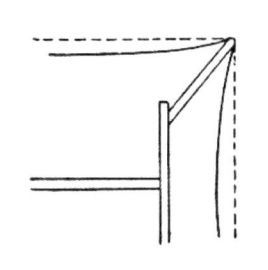

图41 檐口边线

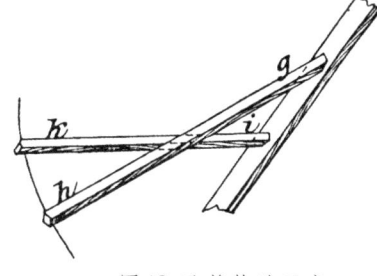

图43 飞檐构造示意

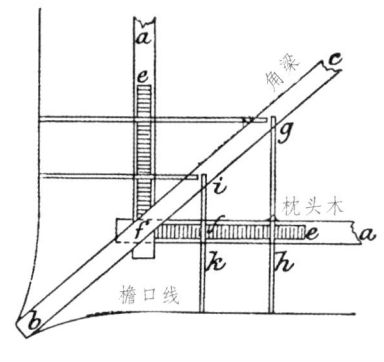

图42 檐部构造

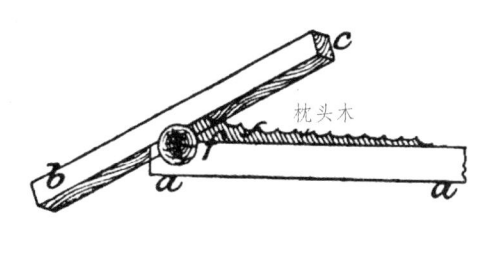

图44 飞檐构造示意

有三处天然矿井，开采方式极为原始。烧制过程中，煤块与原石层层交叠垒于窑中（图45、图46）。窑体外部并不砌墙，而是以草和土为材料，筑成一圈护壳。内以深入地面的长杆为支撑，外以结实的竹绳缠绕加固。此类石灰窑直径可达8米，高15米，全部烧透需要40天的时间。最终出来的石灰纯度极高且性能优异。

寺中各建筑内外墙面均采用一种砌砖手法，具体搭接方式可参见图47。鉴于墙体内部砖块之间的结合并不牢靠，人们通常会将泥土、碎石块混以一定的灰浆，填入墙面之间的空隙内（图48）。此处所用的灰浆中往往掺有一到两份沙土，这种做法在北京一地十分常见，至今仍是如此。掺杂后的灰浆质量极差，以此砌筑的墙体显然无法承重，而只能用以封堵梁柱间的缺口。

尽管附近山上的石料唾手可得，取之不尽且质地上佳，然而作为建筑材料，它们在寺中的使用却十分有限。即便附近的村庄，搭建房屋时也极少用到石料，而是以砖为首选。这些砖的烧制水平极为低劣，另有一部分由泥坯晾干而成。除去之前提到的为石口庄供应原料的石灰岩矿外，如今寺院周围完全不见采石场的踪影。不过从寺中所用石料的质地来看，不排除它们就取自于这附近。这些石灰岩的特性与德国形成于泥盆纪中期的艾弗尔山①石灰极为相似，外观则接近于某种白里透青的大理石，质地异常坚硬。石料在寺中的具体应用大致如下——一类用于建筑构件，如路面、顶盖、檐廊与月台的柱脚石、窗拱、柱础、台阶，以及雕饰繁复的围栏；一类用于各式各样的石雕，或稍加处理后用于佛坛和假山；此外，还可作为砌筑楼梯和围墙的建筑材料。

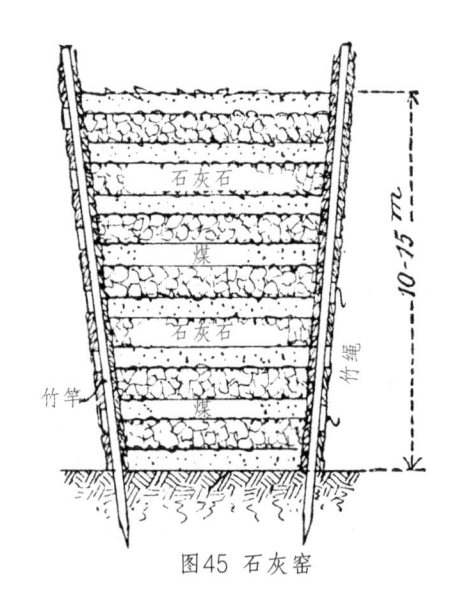

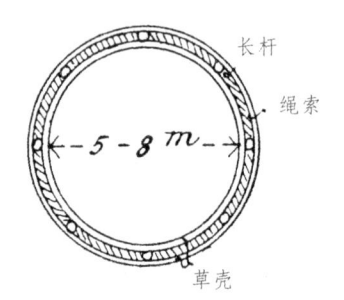

图45 石灰窑

图46 石灰窑

图47 墙面

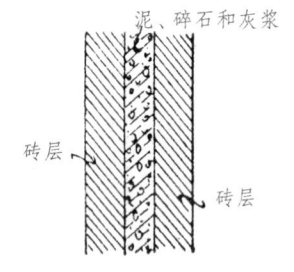

图48 墙体

① 位于德国西部火山地带。——译者注

从以上用途便可看出，石料在整个建筑活动中明显处于次要地位，并且往往在无可奈何的情况下，才会被加以考虑。若想找出这一现象的根源，只需回答以下问题即可——为什么中国人并未跟上其他民族的脚步，早早地放弃木构架而转向石结构？答案想来与原料的分布无关。就石材而言，北京城两面环山，石灰岩与花岗岩储量丰厚且性能极佳。相反，如今整个直隶省及周边省份都无法找出建造寺庙所需的木料，甚至极有可能在建寺之初便已如此，以致需要克服种种恶劣的运输条件，从千里之外拉回木材。其实自古以来石作便已为人掌握。先于本寺开建的明十三陵便是例证。皇陵之中不仅有巨石雕刻的成像，大型碑亭内更可见长达6—7米的石柱和额枋。陵内的围栏、石碑等建筑一如北京城内，饰有各式各样令人惊叹的石雕作品，其原料正是大理石和花岗岩。即使建造时间较晚的如今已大多坍塌了的拱桥，大多也以石料砌就。唯有寺庙依旧使用着木结构。

上述问题只有一种解释：几个世纪以来，中国的各个领域或多或少都出现了停滞不前的境况，建筑艺术自然也不例外。造成这一现象的根源，首先应从其内部政治局势中找寻——与邻国之间永无止境的摩擦争斗，国内此起彼伏的骚乱事件，朝代与统治阶层的频繁更替，中央政府对于地方当局的掌控无力。如此环境之下，艺术与科学根本无从持续发展，唯有碰上相对和平的时期，比如政局稳定且统治者艺术素养极高的明朝，方有机会创新。同样不容忽视的还有中国人天性之中对于传统习俗的敬畏。受此影响，随佛教一道传入的寺院形制自然而然被奉若神明，任何偏差变动都将被视作大不敬之举，后人也只得因循守旧照搬祖制。[1]类似的文化现象同样出现在其他民族身上。作为古往今来最富艺术气息的民族，希腊人的建筑艺术虽有着近千年的发展历程，然而在宗教因素的作用下，其神庙始终保持着最初形制而未做改变，直至古希腊灭亡。随着罗马人的入侵，希腊建筑艺术方迎来转变与创新。反观中国，在其数千年的历史进程中，却从未遭遇过这样的外部冲击。尽管北方少数民族不时入主中原建立统治，然而面对这样一个庞大的帝国，其文化影响十分有限，甚至只能起到破坏作用。从历史上来看，中国人从未与任何一个高度文明的民族发生过真正的冲突，故而缺乏前进的动力。

近代以来，外国商人和传教士的到来给中国建筑带来了灵感与创新，像是传教士建造的石桥，有些有极其丰富的大理石雕塑，意义非凡。例如卢沟桥边横跨浑河的另一个著名石桥，这些年来被多次仿制，你会在华中地区看到一些桥梁，形状同华北地区完全相同，只是有些简化。然而，或许是因为这些外来影响太过短暂，无法形成持久效应，或许是内部形势使然，加之中国人向来听天由命的民族习性——如今那些富丽壮观的石桥不仅大多已经坍塌，就连桥前精心铺设的碎石路[2]也已隐没于来往车痕和蹄印之下，几乎无从辨认。

---

[1] 作者在成书当时，对印度与中国佛教建筑形制的认识有一定局限。——译者注
[2] "碎石路"的铺筑方法起先从中国带入欧洲，如今又再次传回中国。——原注

图49 第四重殿（龙王堂）

内部构造与陈设

说起房屋构造，寺中的门窗必得一提。尽管今时今日北京城内仍然随处可见相同的设计，然而一想到此地冬季漫漫，前后长达四月之久，气温绝大多数时候停留在零度以下，十度[①]的低温亦是常态，便也只能对着这些门窗一声长叹。

寺内大殿和起居场窗户的具体构造可参见第29页图50—图52。窗户均由四扇可旋转窗扇组成，转轴dd两两一处。木头s上有半球形凹槽，转轴旋转于其中。整个窗子上没有任何的金属件，唯在边框中部有纯粹用于装饰的细长铜片（29页，图53、图54）。当中两个窗扇之外还有一固定窗扇[②]。可旋转窗扇均有结实的木框架，内部以细长木条划分为7厘米见方的小方格。框架的室内一侧有一层薄薄的窗纸，既可阻挡视线又可透光，白天完全可在室内阅读。窗扇相连横跨整个立面，占据了立面三分之二的高度。时至今日，窗纸在中国仍有着广泛的应用，直到近来才在某些地方为玻璃所取代。经住持授意，寺内

---

① 结合上文及实际情况来看，此处应为零下十度。——译者注
② 作者所指的固定窗扇应为帘架。——译者注

也换上了两块小巧的窗玻璃。窗框外部刷有一层薄而细的灰泥，厚仅毫米，上涂暗红颜料，如今仅有少量遗存。

从图中可以看出，窗框外圈四周无槽口，它一侧与邻窗转轴相抵，一边与邻窗可开启部分相碰（图50中m、n、r所在），上下两边分别与窗楣、窗台相接，大致形成闭合。时间一久，窗框四周会出现一道道指头大小的缝隙，天气转凉，这些窗户不再开启时，窗框也会用一层或多层纸糊上。木轴l钉附于边框p上，轴端d已经过处理，可插入固定于窗台上的木头支座a（图55）内，以此带动窗扇一道转动。窗框上方安有一块水平厚板，表面凿有四个卯眼，用以插入转轴上端的榫头。窗户内侧装有栓杆，窗扇关闭后，只需将栓杆上下两端分别插入窗楣与窗台内的孔眼o（图50、图51）内，便可实现锁合。

门与窗的设计构造大同小异。其上半部通常做成窗的式样，内糊薄纸，下半部则由镶板构成。锁门依靠木头横闩及带有特别构造的中式挂锁的卡扣。住宅内部空间彼此相连，不设隔断，房屋入口处通常无门，或仅以竹帘遮拦。这是因为中国的家宅向来不对外人开放，任何陌生人，包括亲朋好友在内的家庭外部人员都不能随意进入，今时今日亦是如此。石头或泥土筑成的围墙与房屋一道，构成与世隔绝的封闭空间，即使贫民窟也不例外，而一家之长便是这方独立天地的最高主宰。按照传统习俗，家中男丁早早便会娶妻生

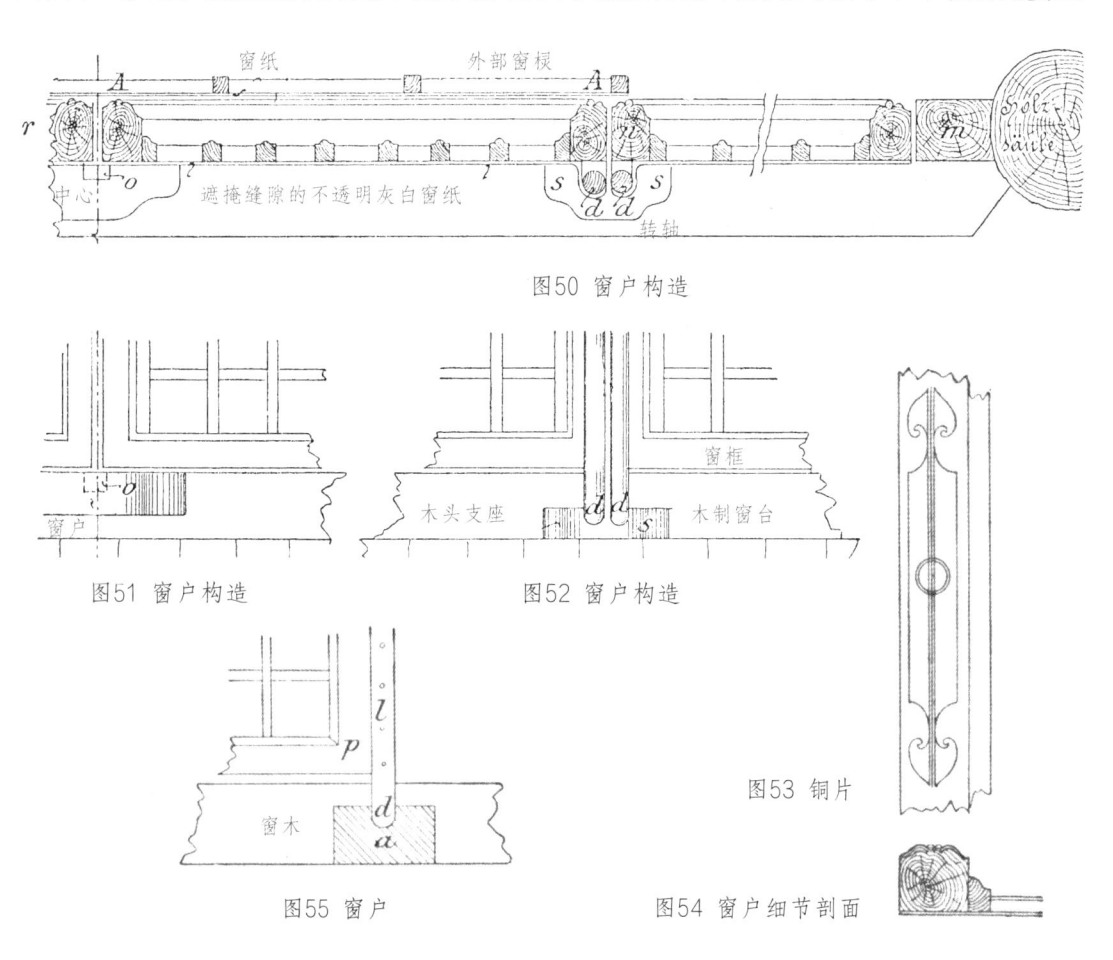

图50 窗户构造

图51 窗户构造

图52 窗户构造

图53 铜片

图55 窗户

图54 窗户细节剖面

子，成亲之后依然留在宅内，与家庭其他成员共同生活。除非背井离乡远走异地，否则只有在极少数特定情况下，家中成员才有机会自立门户。显而易见，在这种家族文化中，个体的独立性与求知创造欲都会备受压制。在有关方面的专家看来，中国社会的停滞不前很大程度上便是由此而来。第31页图56为一户典型的中式住宅平面图。整个宅子以庭院为中心，起居场所和附属建筑分布在其四周。窗户一律朝向内院，唯有生意场所才会沿街开设门窗。

在上一章谈论建筑结构时，曾对各佛殿及起居场所的内部构造有所提及。寺中地面以黄土或砖石铺就，条件稍好的起居室内则以大块草席垫地，殿内极少数地方铺有地毯。木地板仅出现在大悲坛和龙王堂二楼，其余各处未见使用。住所墙壁以石灰为涂料，颜色或灰或白，间或铺以墙纸。大殿内壁包括墙面和木料表面在内，全部经过粉刷，并按传统式样施以彩绘，前者色调以红灰为主，后者用色更为丰富鲜明，彼此搭配和谐，令人印象深刻。

各生活附属用房顶部均未做遮挡，屋顶构架一览无遗，起居场所则有轻巧的竹制天花，表面糊有一层灰纸。主轴线上的殿包括山门在内均采用木制的井格形天花，正如先前所说，这些天花表面先抹灰，尔后在其上绘制大量色彩鲜明的纹饰。就现存图案来看，其原始用色虽然鲜亮但并不刺眼，由于殿中每日烧香上供，经过数百年来的烟熏作用，如今色调已然柔和许多，更为殿内平添了一抹神秘的色彩。

炕虽然不承担任何结构作用，却是起居场所的重要组成部分，无论僧舍、客房还是仆役（寺内并无女性帮佣）的住所都少不了它的身影，第42—43页图88中已用k将其一一标出。在中国，炕既是用以睡觉的床铺，同时也是招待客人的上座。从构造上来看，炕体垂直于地面，而炕面则与地面平行。第31页，图57、图58分别为寺内一处上等客房的剖面图与平面图，从中可以看出炕的位置与大小。此炕高约50—60厘米，长与屋宽相等，足够一人平躺开来，宽则在1.5—1.9米之间，可供数人并排歇息。除去几处自带起居空间的高雅住所外，寺内所有屋中均设有炕。这些炕或可移动，或为固定。前者为木制，德军警卫室中常见的木板床很可能便脱胎于此。不过寺中的炕只能保持水平，而德国的木板床则能根据床头调整高度，可谓一大进步。固定的炕由夯土砌成，前部以矮墙封堵，四周围有木框。夯土表面通常覆以草垫，具体铺盖则视个人需求与财力而定。有钱人的寝具包括各种毯子、褥子、枕头和被子，大多价值不菲，而贫穷的苦力只能盖着破烂衣物，蜷缩在光板炕上。各地床铺可谓如出一辙，外出之人住店时，若是不想和苦力一个遭遇，只能随身携带卧具。

部分炕配有供暖设施。炕前砌有烧火用的灶膛（31页，图57），从中产生的烟道气沿水平管道进入炕体四散开来，最终渗回屋内，或者在极少数情况下，顺着烟囱排出屋外。有些灶膛旁的地面下设有灶口，受热后可用于烹饪。由于地面太过冰冷，加之门窗设计存在缺陷，室内供暖效果十分有限，且要忍受烟雾烦扰。尽管严冬漫漫，屋内却再无其他供

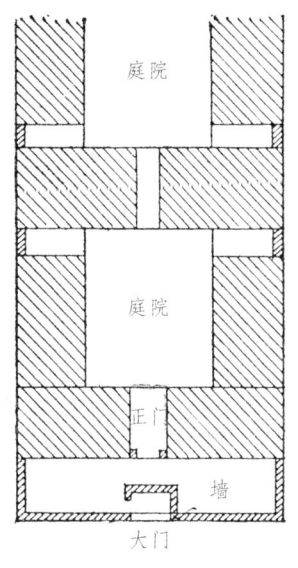

图56 一户典型的中式住宅平面图 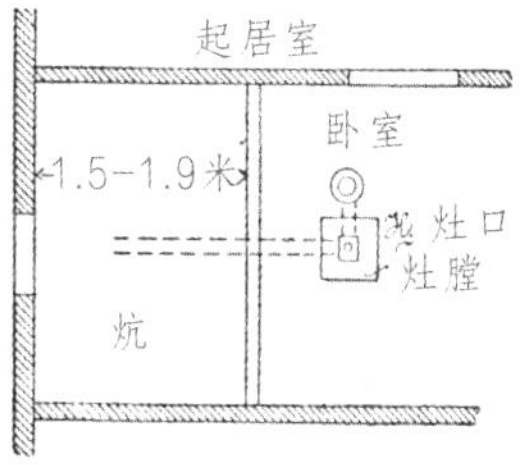　　图58 寺内一处上等客房的平面图

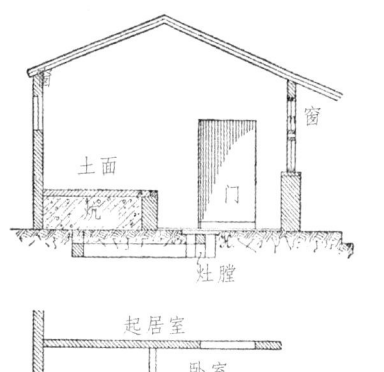

暖设施。气温一旦下降，中国人便会往身上一层层地添加衣物，直到足够暖和，或者再无可穿，哪怕身处室内，也是如此御寒。

寺中条件稍好的起居室内还配有其他一些家具，但也仅限于一到两张高83—86厘米的桌子，几把木制椅子，以及带有垂直靠背的木头板凳。经测量而知，椅面统一高52厘米，长宽分别为57和44厘米。所有桌椅均摇摇欲坠，比起设计本身，似乎外在式样和装饰才是重点。寺内高僧的住所由三间屋子组成，当中一间供有佛像并祭品。另有一些外带雕饰的柜子，用以放置经书。左右两间皆为卧室，兼作起居，屋内陈设不过一个炕、一到两张桌子，外加一个柜子，内里存放着主人全部的家当。桌上数个花瓶，连同墙上几幅不值钱的字画，此外再无他物。若在欧洲人看来，未免不够舒适。

寺内共有一大一小两处厨房，后者专为高僧而设，前者除为普通僧人提供斋食外，还要为随从、伙夫、苦力、园丁、马倌、牛倌、骡夫、帮佣、工匠等一众仆役，以及前来妙峰山进香的香客提供斋食。厨房内砌有大型灶台，上有灶口放置炊具，另有数个嵌入灶内、直径1米有余的大型铁锅，专为香客烹制伙食。做饭过程中产生的烟雾或从灶口直接灌入房内，或从灶膛（32页，图60）经烟囱排出室外。两间厨房内均设有供厨役夜间休息的大通铺。除去吃饭所用的长条桌凳外，大厨房内还摆有佛坛香案，坛上供着已被熏黑的灶王爷。以夏季为例，寺内一日三餐时间如下：早7点、午11点及晚5点。每次开饭前，伙夫头都会以木槌敲击内里中空的圆筒状木梆，作为信号。木梆位于大雄宝殿背面，以两根链条悬于架上。寺中上下看不到任何井的影子，此前所提到的清泉已足够全寺使用。

寺中茅厕分布已于第42—43页图88中标出。茅厕本身无门，入口前砌有一墙，高约2米，用以遮挡。内部以同样方式隔出若干单间。地面通常铺以石块加固，当中留有一长50厘米、宽30厘米的开口"s"（32页，图61），四周皆为砂石。除此以外，再无他物。

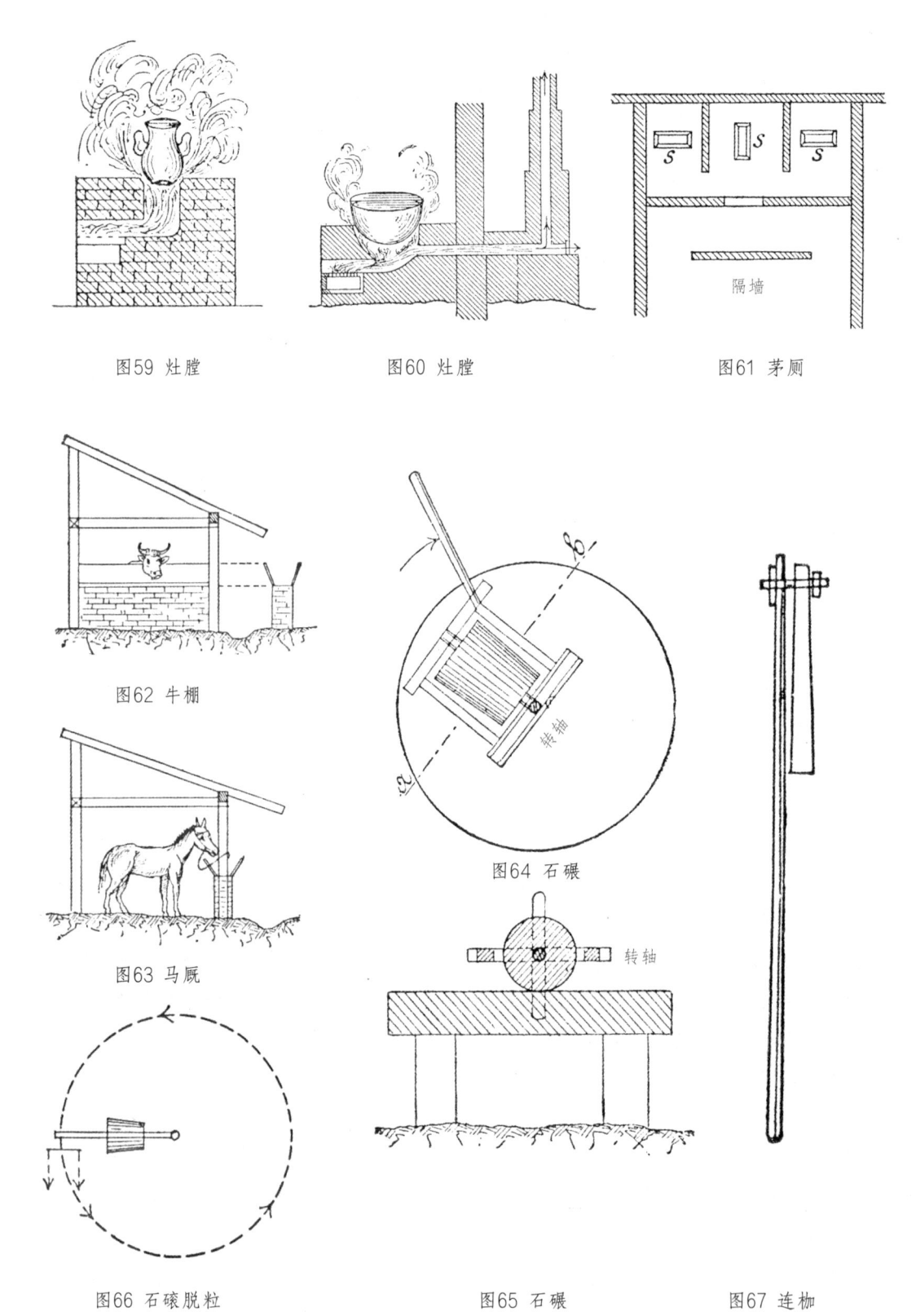

图59 灶膛　　　　　　　　图60 灶膛　　　　　　　　图61 茅厕

图62 牛棚

图63 马厩

图66 石磙脱粒　　　　　　图65 石碾　　　　　　　　图64 石碾　　　　　　　　图67 连枷

寺内一众附属设施构造简陋。即使今天，北方各地包括年代较近的寺院、旅店以及其他公共场所在内，仍能见到这类建筑的身影。从平面图上可以看出，5号院一周皆为开放式棚圈，内养马、骡、牛、猪，棚圈之间为仆役的住所。院北中心处建有一座小庙，正中供奉着马王爷，掌管天下马匹，右边为牛王爷，负责庇护牛群，左边则为水草神，保佑农事顺利。两神旁边又各有一尊塑像。除此以外，另有四尊塑像立于庙内两侧。以上六像手捧篮、筐、饲料等照料家畜之物，显然应是之前三位神仙的仆从。棚圈内唯一的陈设便是装饲料用的木槽。其中马食用的是一种混合饲料，由用水搅拌的糠或高粱粒、小颗豆子、麸皮、外加剁碎的干草和秸秆构成。饲料槽或安于棚圈短边，与纵轴垂直，或置于入口一面，呈开放式。马和骡子均套有笼头，拴于墙柱上。牛棚、猪圈装有矮门，正面同样呈开放式。制作饲料的工作间内放有多把铡刀，刀身相连，上下开合，与我们平日所用并无不同。另外两间屋内安有碾磨谷物的石碾。如今在乡下仍然随处可见这种设计原始的工具，第32页图64、图65中绘有其具体构造。可以看出，石碾以大块花岗岩为平台，当中立有木柱做转轴。碾砣为圆台形，可上下转动，外部套有四边形木框，框内插有木棍做把手，人或役畜可借此带动碾砣，围绕木轴旋转。

储存饲料的仓库全都位于底层。寺内本身并没有打谷场，粮食的脱粒通常在寺外一块经过夯实的露天平地上进行。打谷场似乎历来都是这副模样。打场时，石碌在役畜的拉动下轧过谷物，从而完成脱粒（32页，图66）。此外，人们还会使用一种独特的连枷（32页，图67）。此物由木头敲杆和长柄组成，两者之间并非以带固定，而是铰接，杆身平直，分量极轻，打谷效果并不显著。对于脱壳后的谷粒，寺内同样以木头簸箕进行清理，无论式样还是设计都与德国乡间所用大同小异。

对于寺中各殿的具体陈设，这里有必要再多做一些介绍。提到殿中陈设，佛坛自然必不可少。有关佛坛的安置，可以参见第44—45页图89—图93中大雄宝殿的情形，图105—图108中另有一些细节展示。寺中正殿摆放的佛坛以光亮的大理石打制而成，外观华丽。坛上设有三个互相独立的台座，用以安置佛像。其中大雄宝殿内为坐像，无量寿佛殿中则为立像[①]。三尊面朝东方的佛像姿态各异，正中主尊注目凝望，两旁协侍合掌礼拜。每尊佛像身后各有一块金光闪闪、纹饰繁复的椭圆形透雕背光，四周采用火焰纹，正面看去，格外凸显佛像威严，不由令人想起圣像头上的光环，后者很可能曾受前者启发，而前者则多半来自印度。

大雄宝殿（44页，图89；45页，图93）主尊像后立有板壁，背面另设一副佛坛，供有等级稍低的三位菩萨，用于特定的参拜。从体形上来看，正面三尊佛像远超真人大小，而背面三尊则稍有不及。六尊佛像皆为木胎，雕刻成形后，以灰浆遍涂周身，再镀铜于其上，像身呈暗红色。佛教各类造像早已约定俗成，各地严格遵照，南北皆同，其形态最初由印

[①] 主尊无量寿佛实为坐像，两旁协侍方为立像。——译者注

度传入。主尊佛像四肢圆润，体态丰满而康健。大雄宝殿中所供佛像上身袒露，仅在一肩斜披袈裟，手法刻意，与人体构造差别较大。观其神情安详肃穆，面容和蔼慈善。眉低且宽，两眼微启，面颊丰润，嘴唇小巧，双耳大小尤为符合中式审美，超出实际人耳两倍不止。

佛坛正前方设有一大一小两张供桌，小桌在前，大桌靠后。桌上摆有外形精美、纹饰简易的锡制或瓷制器皿用以盛放粮食、水果、鲜花等供品，或插放线香（泥状香料压制而成的长条形香品）。佛坛和供桌前铺有地毯。供桌左右（图68）另有两排案桌相连，形成长列。寺中僧人每日于桌前跪立诵经。桌上及四周陈列着唱诵经文时用以伴奏的法器。所有法器均为打击乐器，种类不一，音高各异。从外形上看有铃、鼓、钹，以材质论则有铁、铜、黄铜、银、木头，后者部分绷有皮面。需要指出的是，佛教法事向来只由僧人操办，普通信徒不得参与其间，但可在场观摩。因而常常可在佛教仪式中看到游人访客，甚至欧洲人的身影。寺中每日分别于早5时、12时与晚5时、12时举行功课，共计4次，具体时间随季节变更略有调整。

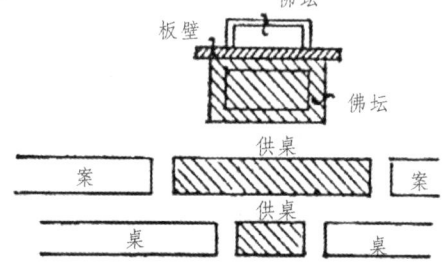

图68 供桌周围摆设

整个课诵过程中，尤为引人注目且最令欧洲人感到惊奇的，便是上文所提到的那些五花八门的法器。大雄宝殿的东南角内立有一高约1.5米的支架，架上托着名为"大鼓"（35页，图69、图70）的法器。木制，鼓身为桶状，表面蒙有皮革，以木槌敲击，声音低沉浑厚。案桌上另有数面体形较小、形态各异的鼓。第35页图71中置于弧形支架上、形似铜钹的法器名"磬"，同样以木槌敲击，声音圆润动听。此类法器，寺中收有不止一件，或大或小，均以铜或铸铁制成。第35页图72中的磬则以软垫为底座，音色亦相应发生改变。第35页图73、图74中所绘的木制法器名为"鱼子"①，形似贝壳，中有细长开口，大小不一，寺中可见三种规格，其圆径分别为60—50厘米、40—35厘米和15—10厘米。以木槌敲击，槌头包有皮面，音色随体形而异，或低沉或清亮。第35页图75、图76中的锣状铜制法器为"铛子"，挂于横杆上，以小木槌b击之，声音洪亮悦耳。与之相似的法器名"铪子"（35页，图77），由一对黄铜圆盘组成，两端各系一带e，持之对击，音色清越，叮当作响。最后，还有一种名为"小鼓"的法器（35页，图78），体形较小，木制环状，鼓身高约10厘米，两面蒙皮。另有一种鼓置于架上（35页，图79），除样式稍显特别外，其余均与本节开头提到的大鼓颇为相似。

---

①即木鱼。——译者注

还有一种小巧的银质法器①（图80），形似铃铛，下接金属柄a，领唱之人用以指挥唱诵。使用时，高举于右手之中，以食指、中指持金属棒b，敲击铃身，声音清亮悦耳，唱诵节奏随之变更。此外，殿内东北角的支架上还吊有一口铸造精美的"大钟"②（图81、图82），同寺中其他钟一样，此钟钟身固定，不可移动，以木槌撞击作响。

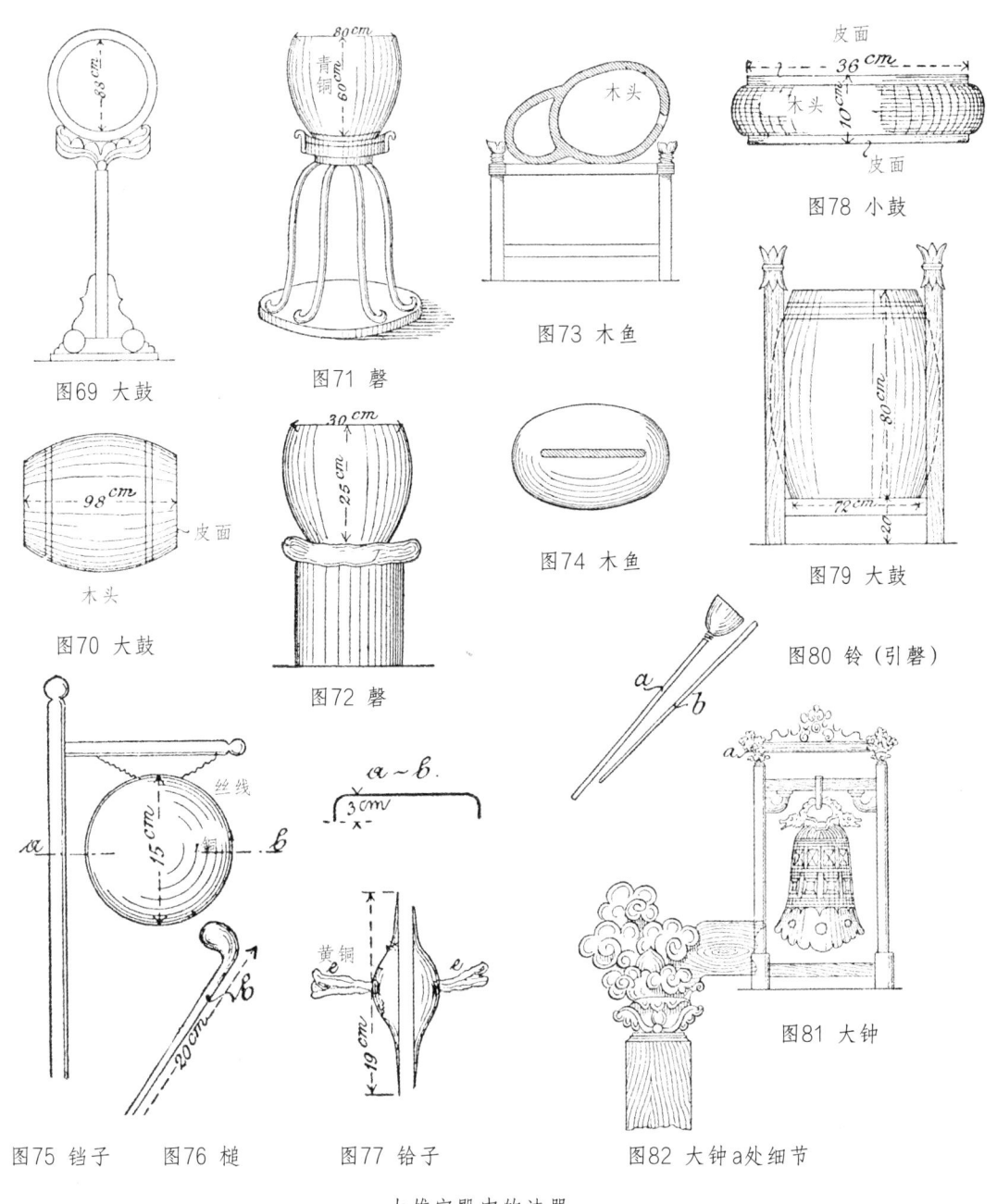

图69 大鼓

图71 磬

图73 木鱼

图78 小鼓

图70 大鼓

图72 磬

图74 木鱼

图79 大鼓

图80 铃（引磬）

图75 铛子　　图76 槌　　图77 铃子

图81 大钟

图82 大钟a处细节

大雄宝殿中的法器

①应为"引磬"，用于指挥、引导唱诵。——译者注
②此处应为"小钟"，多吊于佛堂一隅，用于通告法事等。"大钟"多悬于钟楼，用于早晚报时或集众。——译者注

以上法器自身难成曲调，仅在唱经时用以伴奏。单独敲击，各个音色宜人，尤其金属之声，更是清脆动听。诵经过程中，众法器交错而鸣，音高各异，又或合为一处，变幻不定——通常鼓声先起，低沉有力，继而引磬独鸣，清亮澄净，其余法器穿插其间，错落有致——如此伴奏下，唱诵倒也清心悦耳。每逢节日，法事相应有所延长，所用法器与音量也会相应增加。唯有此时，这些看似不起眼的法器方才露出真容。其他勿论，单就月中与月末法会的敲奏声势，便足以令欧洲人闻之色变，连滚带爬逃出寺去。夜间法事更是扰人清梦，留宿之人夜半惊醒，听到这般动静，多半以为寺内僧人正在咆哮狂欢，殿中之物恐将无一幸存。然而待到天明一看，又不免要疑心双眼，因为所有法器仍旧完好如初，照用不误。

　　殿外西南角的木架上吊有一块名为"点"①的铜片（图83），分量颇沉，刻有纹饰。每日诵经或供养前，以木槌击之，声音悠长洪亮，用以通告。此外，大殿四面飞檐下各悬有一小巧风铃，系于角梁外端（图84），构成一道秀丽的风景。风铃长约30厘米，内有铃舌，连带六根横槌，另有四块垂于底部的翼型感风片，即使微风拂过，也可带动铃舌，撞击内壁，铃声清越，久久不息。

　　大雄宝殿内南北两侧分别供有佛教护法"二十诸天"像，像身接近真人大小。西侧另供有两组"十地菩萨"的造像，每组各五尊，为佛祖随侍。其中，前者为原色，后者经镀铜处理。

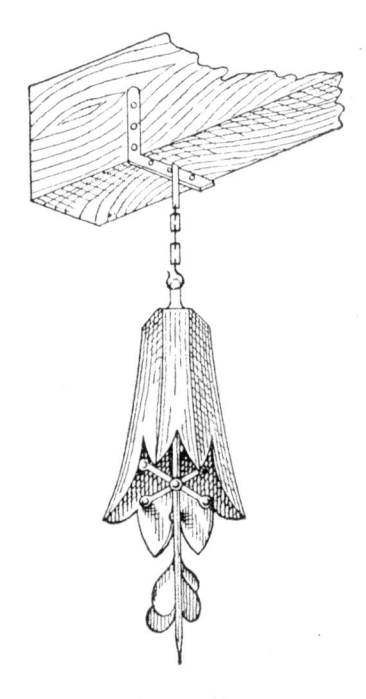

图83 点　　　　　　　　　图84 风铃

①即云板，俗称"点"，通常为云状，或刻有云形纹饰，用于报时集众。——译者注

无量寿佛殿中设有大型佛坛,坛上供有三尊佛像,正中为无量寿佛①,大势至②和观世音③菩萨分立南北两边。坛前设有供僧人使用的木头讲台和座椅。寺中藏经收于殿西的壁橱内,之前碑文一章中曾有所提及。佛坛板壁后为一组大型海岛观音悬塑,主题为观世音菩萨施法平复海浪,四周另有随侍、合掌礼拜者、动物和神将等形象。像前摆有小型供桌一张,用以上香和摆放祭品。殿内两侧另供有等身大小的十八罗汉像,皆为佛祖随侍与信徒。此外,大殿东南及东北角内分别可见一面大鼓和一口大钟。

殿后的大悲坛和龙王堂上下两层均供有神像,观其形象,显然源自印度,像前设有香案。

寺院正门(50页,图120)为一四面围合的殿堂建筑,被称作"头道山门",即第一道山门之意。之后的天王殿,即"二道山门"(11页,图3),同样为四面围合的殿堂式建筑,木制井格形天花,殿中佛坛上供有弥勒佛和韦驮天,两像背对,分别面朝东西。坛前桌上放有金属或瓷制香盘,盘内落满线香燃过留下的灰烬。每日时辰一到,寺中僧人便会向内续上新香(图85)。殿中四角立有高大的、负责为佛祖看守门户的四大天王木雕像,像身色彩鲜明,足有两人之高。

大雄宝殿以南的南路轴线上同样建有一座大殿,殿中设有小型佛坛,上供佛像,其余用于普通僧人夜间休息。无量寿佛殿东的大堂内备有桌凳床铺,以供来往香客安歇之用。

寺中供奉的大型造像,或为木胎泥身,或以泥塑,外部着彩绘,无论佛像还是菩萨像,皆不例外。小型造像则多以铜为原料,经锻造或铸造而成,木雕同样十分常见。这类佛像很受身在本地的外国人欢迎,许多爱好者都收有大量的藏品。

钟楼和对面的鼓楼内分别安有一口大钟(图86)和一面大鼓,用于法事活动。钟内无铜舌,悬于梁上,不可移动,以木柱撞击作响。柱头两端系有绳索,平吊于梁上。

图85 香 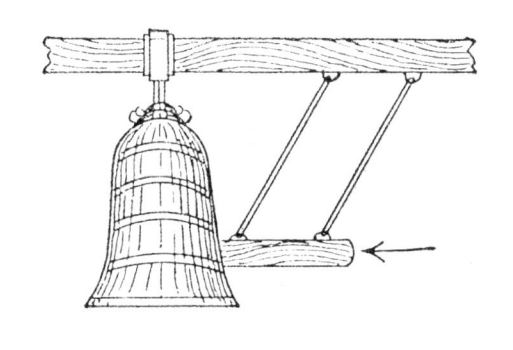　　　　　图86 钟

---

① 原文为"Pi-lu-fo-yeh"。——译者注
② 原文为"Ho-nan-fo-yeh"。——译者注
③ 原文为"Tschia-scho-fo-yeh"。——译者注

关于寺院建筑的几点评述[①]

寺院这一建筑形制在距今1800年前的中国便已存在，并且在历史进程中，一直使用同样的建筑材料，相同的建造方式，以及本质上一成不变的样式风格。如此前所述，本书所介绍的寺院可以算作此种形制的典型范例。毫无疑问，寺院建筑与它所对应的宗教形式一样，起源于印度，这在大觉寺建筑群中已得到有力印证。至于大觉寺所参照的范本是何形态，除了这些范本是否还有其他更为古老的本土传统发挥了影响，我们自然很难考证，因为印度年代久远的木建筑存世极少，大多均已倾颓，并由石建筑所替代。因此，目前无法确定大觉寺仅借鉴了印度建筑式样，还是同样学习了那里的建造结构，抑或是整体建筑群的设计规划均采纳了印度模式。

大觉寺中最先打动我们，在我们看来最具价值的地方，正是它的整体布局，尤其是依山势而建的巧妙而有效的方法，以及将建筑艺术与自然相结合的手段。真正的宗教建筑位于高高的石台之上，远离低处世俗建筑内的喧嚣；在由两座大门隔绝出的世界里，这些殿宇重重相接，层层相叠，错落有致，散发着神秘的魅力。另外，景色由荒莽的石山过渡到寺院周围的森林，再由此推进到院落间按建筑学规律排列的小树林，最后聚焦到建筑本身，同样是一幅迷人的画面。

这些处理无不透露出细腻的艺术灵感，然而建筑造型所展现出的艺术表现力——至少在欧洲人眼中——则远没有这种灵性。本书其他章节已经指出，中国建筑在自由创作和继续发展时一直面临着那些无法跨越的障碍。布局和建筑装潢上体现出的鲜明矛盾——粗犷的自然主义和原始的简单质朴中穿插着具有变体特征的惊人样式，也全部归因于中国人对传统的遵从，他们视其为宗教义务，并小心谨慎地履行着。

上文已经提及，寺庙建筑所基于的结构形式来源于很久之前：开敞的木柱空间——后来木柱之间被墙体或门窗围合。这一点在有前厅的建筑中更为明显（19页，图15）。第一次测量时笔者一度认为，木柱上端逐渐变细是人为的工艺，并确信柱身有轻微膨胀，但不久后便发现，这些现象皆为所用木材自然生长所致。

竖立在石墩上的巨大木柱很少附有明显柱基和柱顶，能让人联想到柱顶的那些装饰图案均是涂画上的。屋顶梁架结构分为水平的两至三层，主殿梁架上装饰着向外挑出的木头，形似兽首，具有特殊的支撑作用（44页，图89；45—46页，图91—图94、图96）。整个梁架上也绘有丰富图案，但这些彩绘与古希腊建筑中的装饰不同，没有代表各建筑部位功用的象征意义。殿堂内部梁柱外露，并施以彩绘，与外部形制相同。

目前的研究还不足以证明这种彩绘方式源自中国还是印度。相比之下，殿前月台的栏杆、佛坛和殿内整套宗教用具，则明显带有印度特色。第48页展示了其中几座大理石雕

[①]本书成书年代较早，该节许多观点有其局限性。——译者注

凿的栏杆及其剖面图。同一页上还示有一段砖板拼贴而成的围栏，其上雕刻着回形纹装饰；与此类似的回形纹饰还有三处，其中两处年代悠远，使用的仍是纯粹的回纹，第三处出现在龙椅上，已是回纹变体。另外还有几例脱离常规的夸张变体，例如以珍珠母制成的画框。除此以外，寺内未发现其他回形纹饰。

雕刻在木头或石料上的花草纹仅出现在大佛塔、基座、佛坛、冠顶、法器等类似物件上，并不用于佛殿结构性部件中。这种纹饰似乎完全是印度式的。大部分莲瓣纹（48页，图105—图108）已属变体形式，早已失却最初作为一种建筑学象征的意义。莲瓣中添加的各种繁复花纹，使人几乎无法辨认出莲叶的形态，这一点相比罗马晚期艺术中的类似产物，例如蛋形与箭形交替出现的所谓蛋箭饰线，甚至有过之而无不及。无量寿佛殿左边佛像立座以硬木制作并镀铜，上面的植物纹样或许显示着莲瓣纹（纹样饰边）陷入自由变形所达到的极致。但是其中也不乏高雅简单的样式，如第48页图105、图106中佛塔上部a处的叶形纹饰，下部b处的图案与之形成鲜明对比。或许并非仅仅出于对简洁形式之美的认识，而是缺乏资金或其他意外因素，导致上部a处叶片无法按照下部的形式继续施工，毕竟两者的基本形状和外部轮廓都颇为一致，因而那些简化似乎也只是半成品。

值得关注的还有第2页图1与第47页图100、图101中钟楼的四面窗户，以及对面鼓楼的四面。根据钟壁铭文推测，这些窗户建于14世纪。上面的纹饰看起来并不像印度图案，关于它的出处，本文无法擅下定论。笔者曾在中国其他地方的建筑中多次遇到十分相似的叶蔓图案，它们也与周围的建筑式样不甚调和，显得疏离，一如此处。

屋顶在东亚建筑艺术中占有举足轻重的地位，影响着整座建筑的外观。本书前文已就其艺术造型中的要点予以阐明。第49页图109以较大的比例尺再现了屋檐装饰的式样。至于屋脊上的兽形雕像如何进一步加强了屋顶的画面感，在第44页图89与第45—46页图91—图94中可以一目了然。

尾声

因研究中国建筑所包含的材料过于广博，若想深入了解，必须要多人通力合作。一开始可以研究某一种特定类型里的单个建筑，如庙宇、宫殿、旅店和私人住宅等等。若可以知晓或估算出某个建筑大概的建造年代，就应当更仔细地观察、记录细节。只有在大量的调研之后，才可以通过比较，一点点厘清这个巨大东亚国家的建筑发展并描绘出其大致轮廓。随着我们对这个知之甚少的古老世界理解的深入，我们的文化也能有本质性推进，艺术也将受益良多。大觉寺等建筑向我们展示了印度与中国之间、小亚细亚与古希腊之间的关系。印度和中国的古典文化是像现在很多人所想的那样，是荷马所赞美的希柏里尔，是他们影响了西方世界？还是小亚细亚海岸创造出的艺术向西传入希腊、向东传到了印度和中国、日本，并经历了在今天看来的退化？明晰此事还需更多的研究。

希望这本书为拉进和中国建筑所做的首次尝试能启发更多类似的作品。同时，希望它可以唤起人们的认知——站在自身艺术的发展角度上看，我们不可以再对这样一个巨大的陌生建筑世界视而不见，它非常值得我们探索。面对这样庞大的资料库，一个人的努力是杯水车薪。最好充分利用照片进行必要记录。当然，如果有人能够持续性地投入到我所提倡的工作中来就更好了！研究古希腊的神庙遗址只可以为我们带来一些已知艺术性形式的更多信息，我所提倡的这项工作难道不值得付出一样的努力吗？

北京，1892年9月
锡乐巴
皇家建筑师

图87 宽阔主院内的狮子雕像：石灰岩狮子，高1.4米

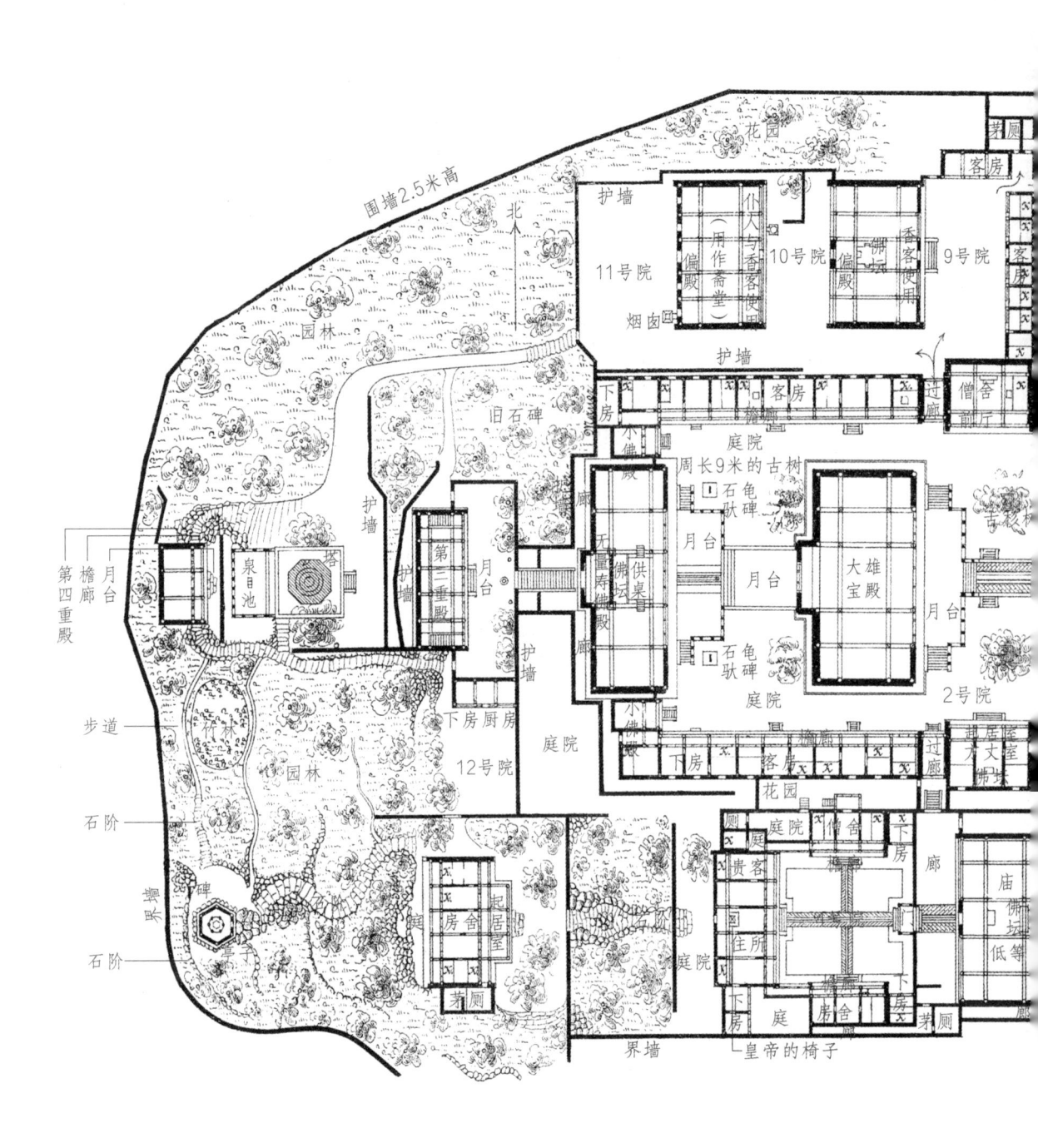

绘制：注册建筑师锡乐巴

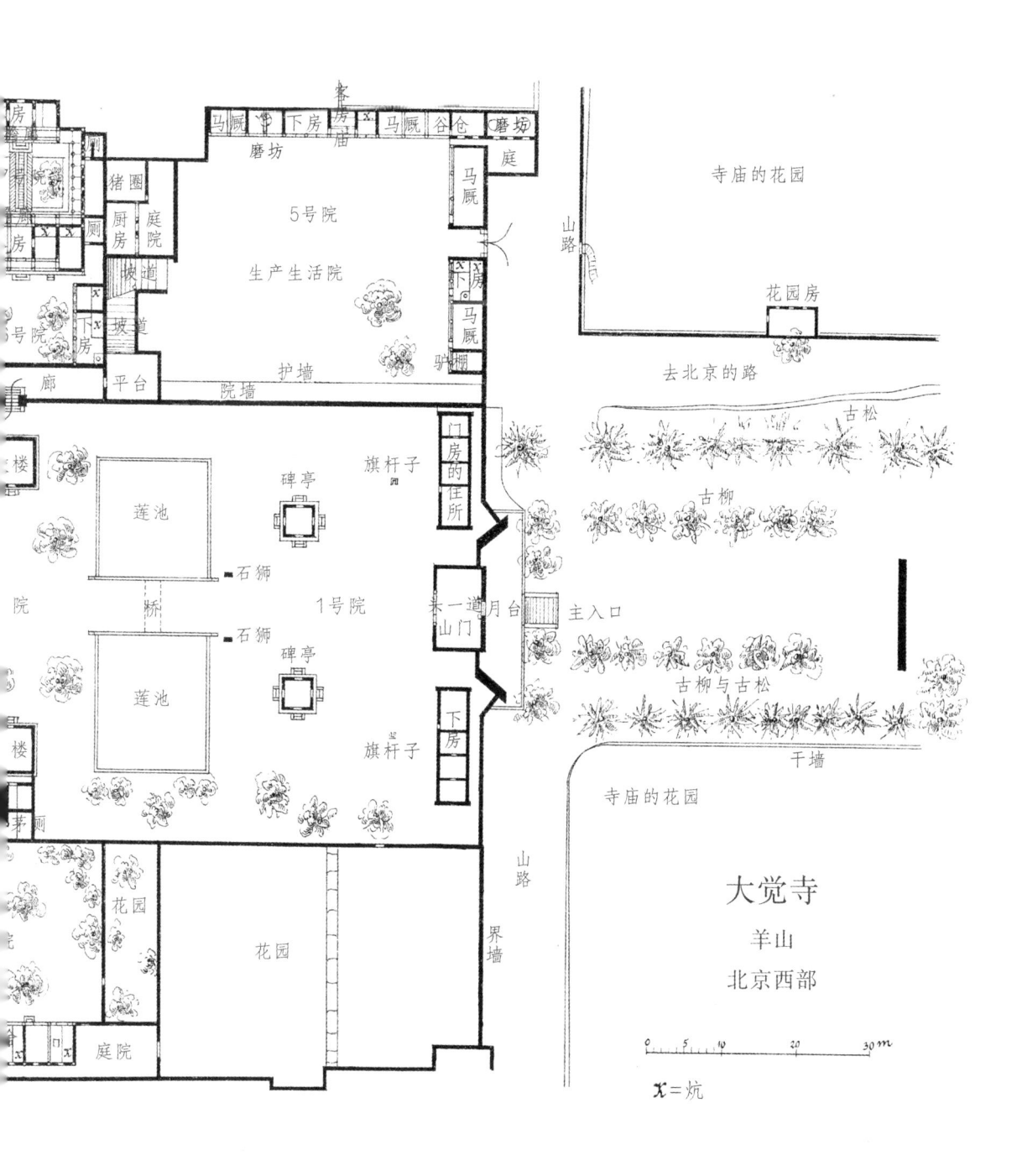

图88 大觉寺平面图

第一章 北京大觉寺

图89 大雄宝殿纵剖面（图90e-f）

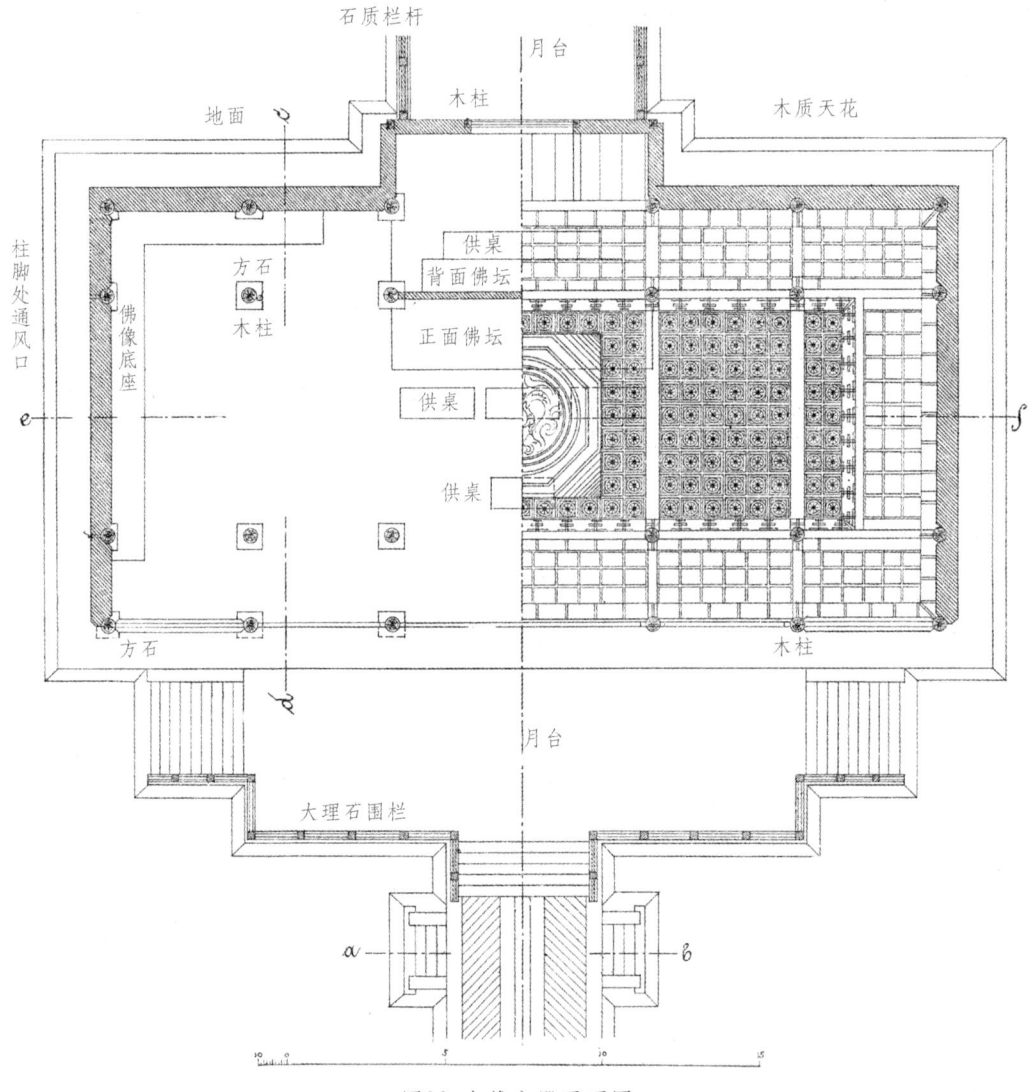

图90 大雄宝殿平面图

西洋镜：北京大觉寺建筑与西山风景 | 044

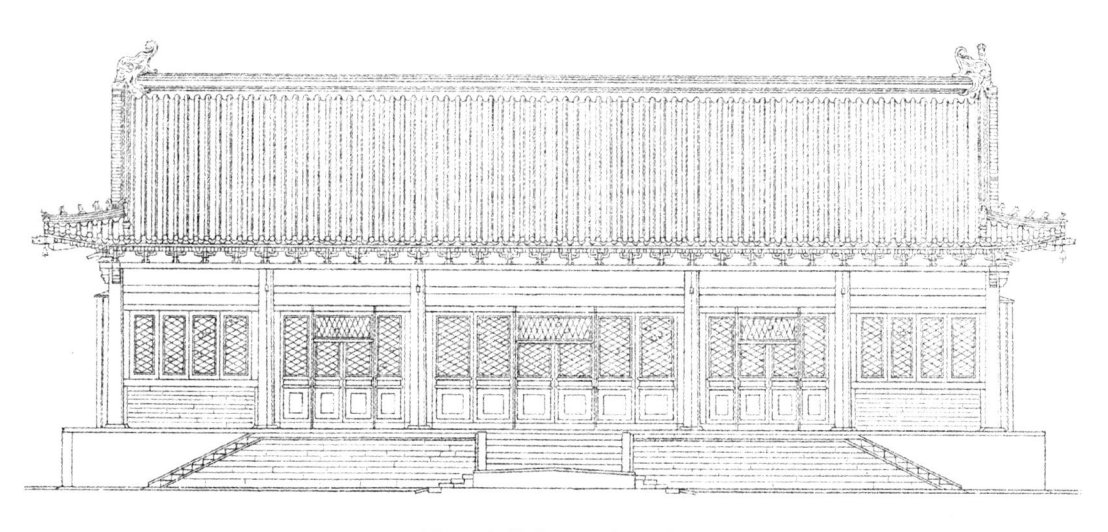

图91 大雄宝殿正立面图

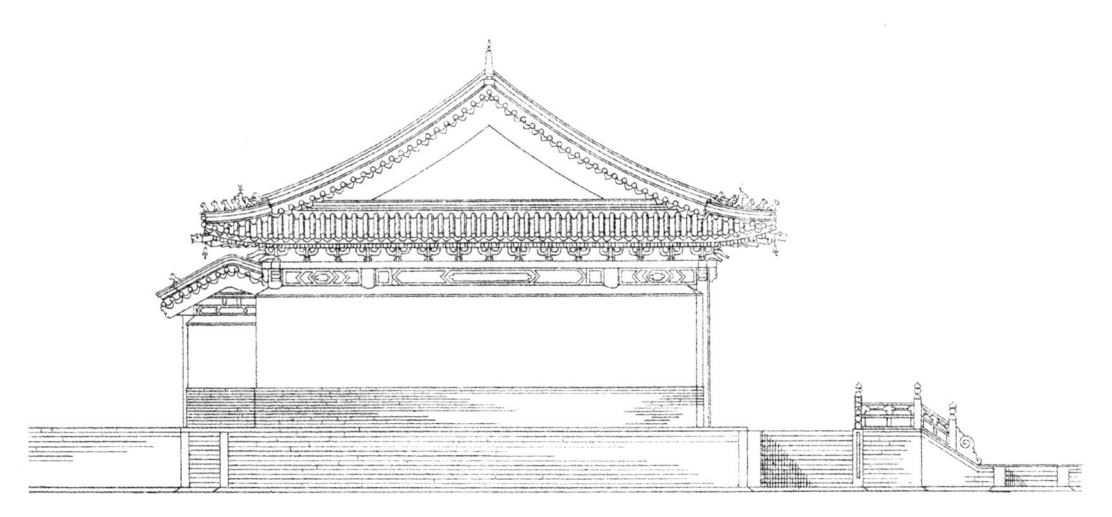

图92 大雄宝殿南立面图

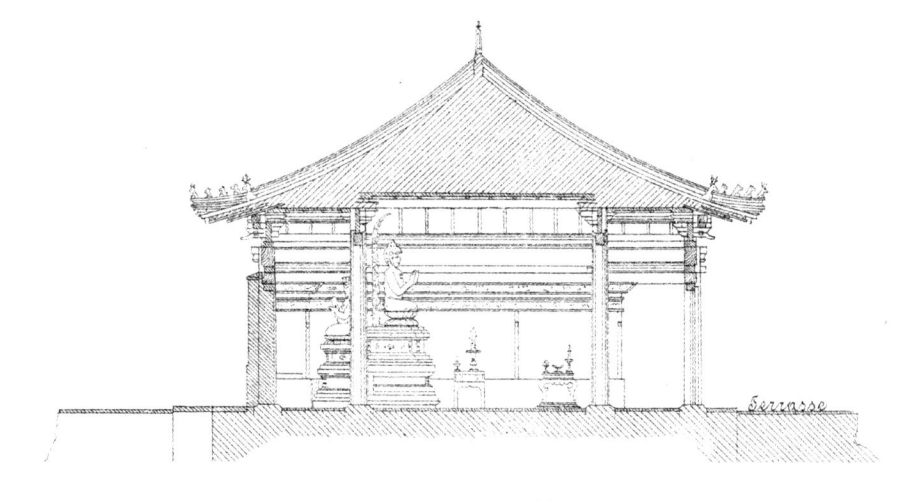

图93 大雄宝殿横剖面图

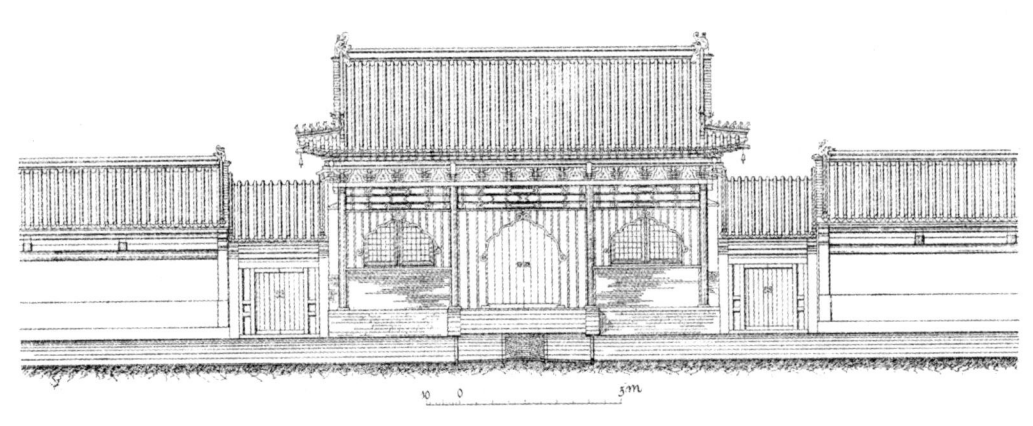

图94 二道山门正面（东）

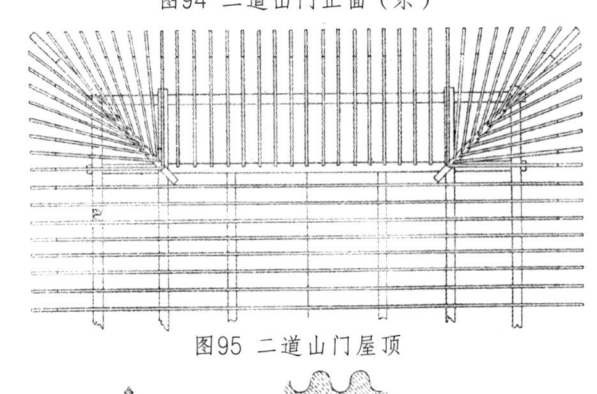

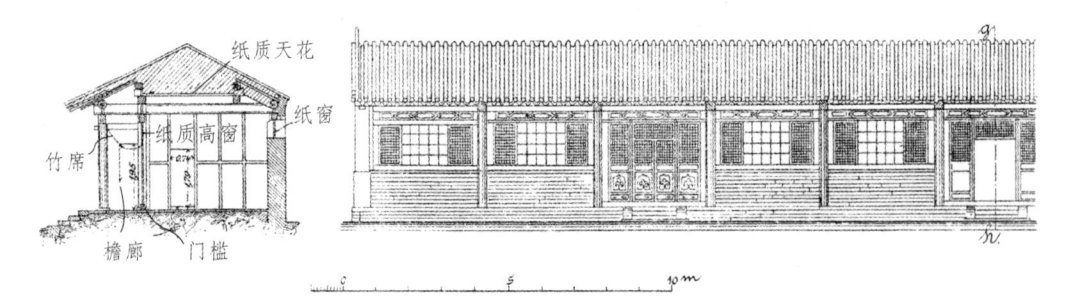

图95 二道山门屋顶

图96 二道山门横剖面

图97 大雄宝殿北面僧舍屋顶结构

图98 图99中g-h横剖面

图99 客房正立面

图100 钟楼南立面与西立面

图101 钟楼的石砌装饰窗

图102 钟楼的屋顶结构

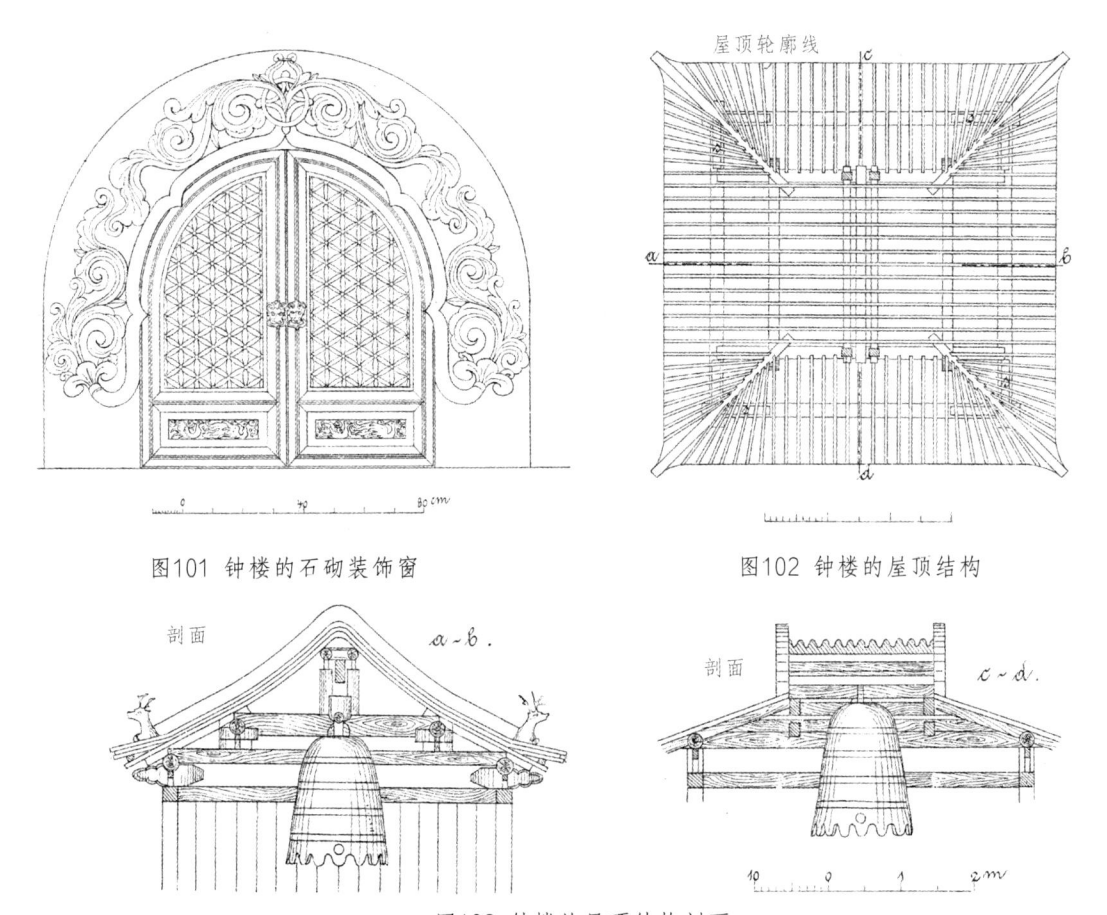

图103 钟楼的屋顶结构剖面

图104 佛塔

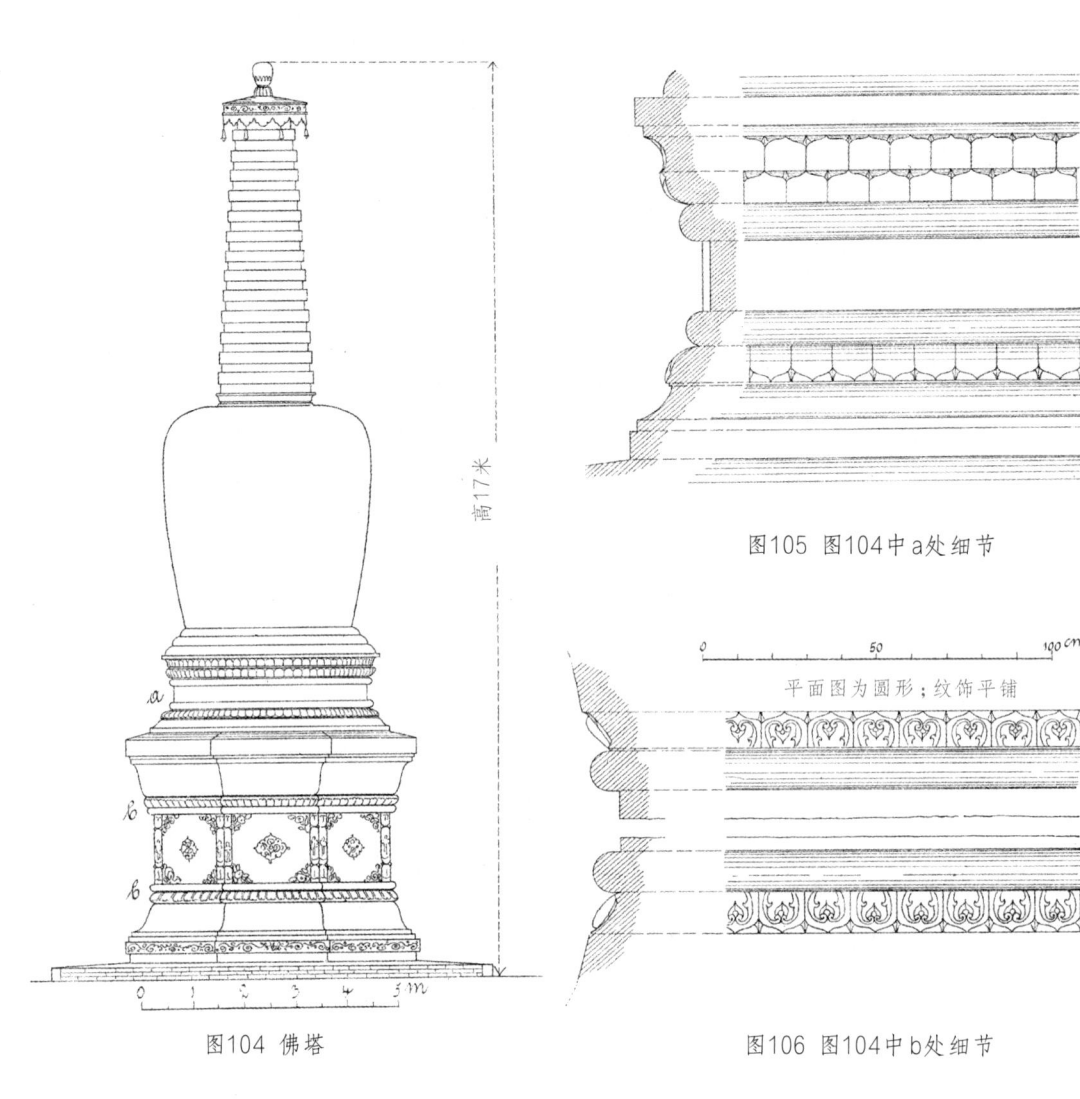

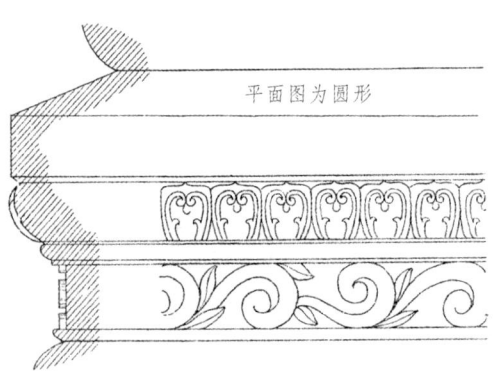

图105 图104中a处细节

图106 图104中b处细节

图107 碑亭顶部装饰

图108 大殿佛坛底座

图109 屋檐

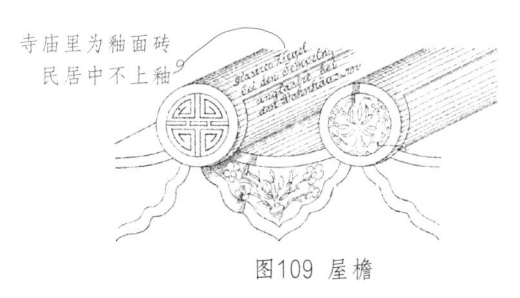

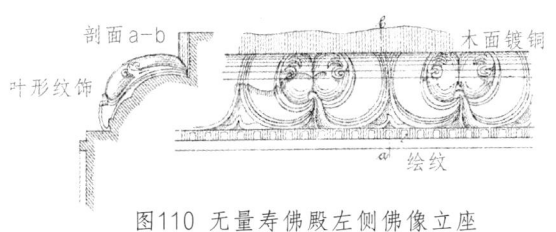

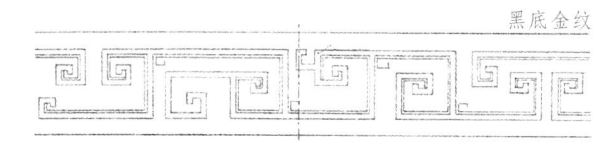

图110 无量寿佛殿左侧佛像立座

图111 平面图

图112 龙椅椅面前缘的回形纹

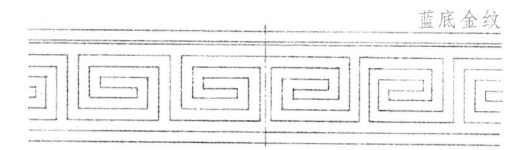

图113 罗刹鬼子母（500—600年历史）衣袍上的回形纹

图114 一只锡制烛台上的回形纹

图116 无量寿佛殿前月台大理石围栏

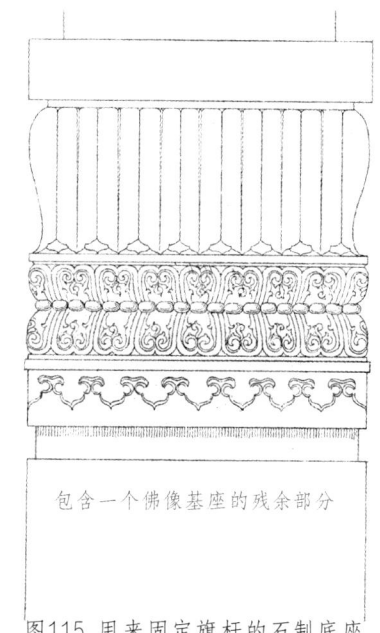

图115 用来固定旗杆的石制底座

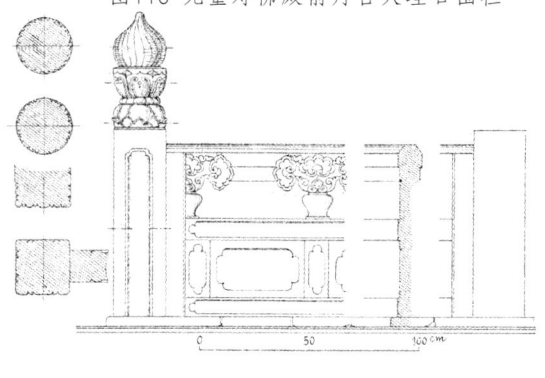

图117 花岗岩柱

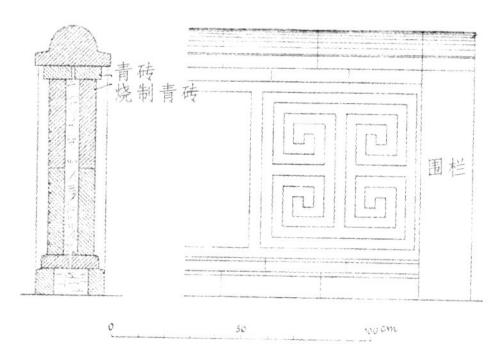

图118 围栏

第一章 北京大觉寺 | 049

图119 大雄宝殿（第一主殿）①

图120 通往1号院的主山门

① 图119—图126为F.亨内贝格、P.格尔皮克摄影，迈森巴赫·利法特公司凹版印刷。

图121 寺院南路最高处的厢房（德国公使的夏屋）

图122 4号院内的居住建筑

图123 1号院内的碑亭

图124 4号院西侧建筑内的龙椅　　　　　　　　图125 第三、第四重殿间的佛塔

图126 园内小亭

第二章 西山访圣记

前言

本书主要是个人所见所感的记录，同时努力为初到这个国家的西方人提供一些他们可能需要的基本信息。笔者没有像旅游指南那样简单地罗列事实，而是试图向读者传达这些寺庙及其周边地区的特点和环境的整体氛围。这并非一本博物志，那些想要获得准确的地理和历史知识的读者，请参阅普意雅[①]先生关于寺庙的专著《北京及其周边》，书中有描绘这些寺庙的精细大幅地图，其英文版通俗易懂。

西山

在天气晴朗的日子里，从北京的城墙上远眺，你可以清晰地看到20英里[②]外群峰从北边和西边环抱着北京。这道山脉是分隔中国东北部的平原与蒙古高原的山地的外围屏障，它一直向西北延伸数百英里，与戈壁沙漠相连。在60英尺[③]高的城墙上选一个近山的有利位置，特别是接近日落时，在中国北方独有的明丽暮色中，每一座山峰和山谷都会一一清晰显现。在它们身后，山势更加高耸，逐渐形成了一列海拔4000到5000英尺的山峰，其险峻的轮廓，使它们显得比实际高度更加壮丽。如果用上大倍率的望远镜，还可以看到沿着这些山脊构成的天际线上起伏蜿蜒的长城。

位于山地最边缘的山峰，从平原上陡然拔地而起，有时给人一种海边悬崖的感觉，当地人叫它们"西山"，而侨居此地的外国人，则把其中文名字直译了过来。西山由一组海拔500英尺到1000英尺的山峰组成，中间有一条大河、数条小河，还有无数的冲沟。一些山坡上生长着冬青和栗树，在水土适宜的山谷里则分布着密密麻麻的松林；其余的山坡只有一些矮树，在冬天和春天总是一派土黄，但是到了夏日雨后，则是繁花绿草，一片青葱。那些海拔低一点的山峰，山形因为沿着峰顶处露出的火山岩而显出峥嵘之意，这些火山岩的边缘往往会形成陡峭的断崖和崩塌的岩屑堆。山间的谷地都得到了充分开垦，居住在其间的勤劳的人们将每一寸土地都利用到了极致，他们用原始的铧犁，从海拔数百英尺的陡峭坡地的石缝间，整理出小片的农地。高处种小麦和玉米，低处种桃杏与高粱，这些都是农人辛苦劳动的成果，维持着他们的生计。

在北京周边，中国皇帝与他们富有而虔诚的子民，数百年来捐建了大量的佛寺。这些组成了浪漫的山景，尤其符合中国人的品味，但与此同时，它们也享有靠近大都市——艺术与财富的中心的便利。这很多捐建者是皇宫太监，他们用特有的方式集聚了大量的财

---

① 普意雅（Georges Bouillard, 1862—1930），1898年来华担任平汉铁路北段总工程师，拍摄、收藏了大量以北京为主、平汉铁路周边地区为辅的照片。——译者注
② 1英里≈1.6093千米。——译者注
③ 1英尺≈0.3048米。——译者注

富，而他们身体上的缺陷，使得他们不能将这些财富传给直系子孙。于是，他们都选择了这种方式来处理这些财富，在人世间留下一份永恒的纪念，使自己死后可以通往极乐。有时候，一位致仕的官员——比如一位总督之类的——厌倦了尘世的虚空，将一生所得捐献出来修建一座寺庙，作为晚年颐养之所。其他一些寺庙修建的原因，与很多大型基督教堂建造的原因一样，是用来标示圣地，如某位名僧的墓地或是一些神迹的发生之地。幸运的是，正如庭院里石碑上记载的，得益于虔诚捐赠者的慷慨之举，寺庙中很多建筑能够恢复旧观，免于倾颓。

西山地区的寺庙选址不拘一格，有的在山脚下，有的选在距离山脚一段距离的农田之间，有的建在开阔的谷地或溪谷里，有的依山而建，还有一些很特别的寺庙建在山顶上。建造者在选址时有两方面考虑——首先是风水，其次是他们的审美情趣。从那些建在山上的寺庙的平台上眺望，几乎总能看到极美的景色，这充分说明了建造者们敏锐的审美眼光，也说明他们肯定曾为寻找风景卓绝的建造点殚精竭虑。而决定寺庙选址的另一因素风水，是从远古时代就开始决定中国建筑选址和朝向的一种根深蒂固的观念。在这片大地上，所有的东西都受到善、恶的影响。正如我的家乡那些相信"地球两极电流"的人们会根据这一理论摆放自己卧室的床一样，中国人，或者说是那些还没有放弃自己信仰，投入西方怀疑论怀抱的中国人，用这一极为神秘的科学来指导他们的生活和行动。北京城门门楼的高度和天坛宏伟的圆形建筑，都是应用这种神秘科学的极佳案例。他们的高度都是精确的99尺[①]。之所以选择这一高度，是因为当时的皇家风水师经过观测发现一个重要事实，此地的祥瑞之气流经此地的高度为地面以上100尺，并以此无情地压制了建筑师的雄心，也就是说，如果这些建筑物的屋顶再高一尺，则会挡住瑞气，那么北京将变成一片赤地。类似的迷信思想同样也介入了中国人的私人生活。例如，当在租用后文中提到的一座寺庙时，我们发现即使给钱，庙里的和尚也不同意在正房的北墙上开一扇窗，来改善房间不太透气的情况。尽管他相当唯利是图，但他宁愿损失一年的租金，也不愿意在房子的后墙上凿一个洞，因为那样引入室内的不仅是清风，还有可能是鬼怪。

既然风水是这样严肃的事，有人就可能想当然地认为很多寺庙的修建工期，会因为寻找符合各种风水因素的适当地点而耽搁数年，正如一则中国寓言里那样，五个儿子为了父母百年之后的墓地选址争论了数年，结果直到所有儿子去世，他们的老爹还好端端地活着。

在我们开始一一参观这些寺庙之前，我们也许可以对中国"temples"（庙宇）做一个大体的调查。在这里，我要提前向那些这方面知识比我更丰富的读者（可能是相当大的一部分）致歉。

[①] 1尺≈0.3333千米。——译者注

图127 西山。北京的哈同先生拍摄

首先，外国人一般会不加区别地使用"temple"这个词来代指所有的宗教建筑，修道院、藏传佛教寺院、神殿（不管是佛教、道教还是孔教的）以及陵墓和祠堂，小到路边的小庙，大到天坛都会用这个词。很多时候"temples"一词都是"用词不当"，包括在本书中，不过现实中已经约定俗成，极少有人会在意这个错误。

我在本书中记录的典型寺庙，与基督教地区的修道院有很多的相似之处。这种寺庙，有着高高的围墙，其中大部分建筑围绕着一系列依山而建的庭院建成。寺庙中住着和尚（少部分时候是尼姑），由一位住持管理。这些寺庙，至少在名义上，为那些发誓将一生献给修行和供奉诸佛的人们一处隐居之地。在寺庙的主殿里，到处都是佛像。那些僧侣，或者说是出家人（再次使用了通用的称呼）可以自由地在各个寺庙之间挂单，只要他们遵循当下寺院住持的命令，并严格执行即可。这些寺庙和中世纪欧洲的修道院一样，管理方式千差万别。一些寺庙里的僧侣们谨遵戒律、辛苦修行，而另一些寺庙里的僧侣却游手好闲、以赌博度日，没有任何宗教活动。饮酒和抽大烟在僧侣之间也很盛行，我甚至听说过有寺院住持死于抽大烟。更无须说时下的中国佛教表现形式已经堕落和迷信到了荒唐的地步。僧侣们通过让普通人相信他们可以与被冒犯的神灵沟通，驱除雷击、瘟疫、饥荒和横死等灾祸，以此将普通民众掌握在手中；除了极个别的僧侣外，他们大多愚昧无知、利欲熏心，只能让信徒们对他们轻蔑不已。

这些寺庙允许任何人入内，感谢中国人在宗教事务上的宽容，外国人可以和当地人一样享受寺庙的热情接待。几乎每个寺庙都设有客房，而客房一般拥有自己独立的庭院。访问者可以将自己以及全家人都安置在客院中，相对独立于寺庙管理之外过自给自足的生活。欧洲的修道院则会视客人需要指派服务人员。除了像这样为旅行者提供接待服务之外，寺庙还经常被作为修养之所。很多寺庙与"皇家行宫"关系密切，年老的皇帝可以在行宫中度过一个安静的假日，或在巡行时夜宿其中。在寺庙的客院中，可以见到各种各样的人：形销骨立的痨病患者、隐居的文人、度假的高官都可能成为你的邻居。即使最严肃的那种基督教传教士在这种他们立场上的异教场所里休憩，也不会觉得有丝毫不协调。

八大处寺庙群

北京城主要有三条向西辐射的大道，沿中间的一条走上12英里，便可抵八大处，意思是"八处风景胜地"。一路上除了农田和村郭，只能见到八里庄有名的十三层佛塔和一些坟墓。这些所谓的"风景胜地"，其实就是在一个树木葱郁、山泉汇流的平缓河湾处相邻的数个山坡上的八座寺庙组成的建筑群。其中位置最低的一座与平原海拔一样，最高的一座则比平原高出了600英尺，在靠近峰顶的位置，其他六座则不规则地分布在方圆一平方英里之内的几座山峰中部。

近100年前，俄国传教士团开始将这些寺庙作为夏季酷暑时节的纳凉之地，那个时候，他们是唯一被允许在北京传教的外国人。第一位英国驻中国公使，卜鲁斯（额尔金勋爵的兄弟）于1860年到北京任职之后，仿效他们，每年到八大处租赁寺中房屋消夏，他之后的继任者们也都沿袭了这一做法。在火车可直达北戴河避暑胜地之前，八大处一直吸引着众多外国人。即使是现在，远离尘世的寺庙和山间美景，例如雨后满涨的溪流、遍地的野花，对于在北京城里受尽热浪折磨的居民们来说，也足以与北直隶湾[①]凉爽的海水相媲美。

香界寺

若就海拔高低而言，我现在要介绍的寺庙是八大处中第二高的一处，但因我曾在那度过了一个夏天，所以决定将其放在第一位介绍。这座寺庙的历史能追溯到8世纪，是八大处中最大、同时也可能是最古老的一座——名为"香界寺"。不过它跟中国很多伟大的古迹一样，现存的建筑是在原先建筑的基础上复建的。

我们租住在寺中时，与三名僧侣共住在最高处的院子里。过去寺中僧侣众多，但后来只剩他们三人了。我们一面的邻院里住着一位前户部尚书，他同家眷一起居住在从前的"行宫"中；另一面是庙里向山谷突出去的一片小小的厢房，这里被我的一位经商的同胞改造成了他的周末度假小屋，厢房的平台处视野极佳。低处的院落里居住着数量众多的外国使团人员，其中就包括很多早在50年前就为中国人所熟知的团体里的有名人物。

---

① 即渤海湾。——译者注

回想起我们在租房时沟通的问题，便觉得十分好笑。除了前文已经提到，他们害怕引入鬼怪，拒绝了我们想在墙上开窗改善通风一事，我还想起了一件典型的事例。我们租住的院落曾经有外国人居住过，包括两名英国驻中国公使，但这里的生活设施依然很不便利。我们提出了一些改善要求，包括修建一个户外厨房，费用由租客和庙方共担。据此，双方就款项达成了一致意见，但最终方丈和尚改了主意。

"有什么问题吗？"我们问他。

"你们要答应，等离开后，要把这个厨房交给庙里。"他回答说。

"当然。"我们回应道，"而且，我们无论如何也不可能把它带走啊。"

"那么，我希望你们写一个书面的同意书。"他坚持说。

"这也太多此一举了，同意书有什么用？"

"我们担心，过些年你们的儿孙辈会回到我们庙里，指着这厨房说这是他们的祖先修建的，产权属于他们，到时候我们怎么办？"他说出了心底的担心。于是，我们很郑重地按照他们的要求写下了保证书。可惜雨季还没过去，这座简陋的建筑就已经坍塌成了三个部分，整件事也就成了笑谈。

从山脚出发通往这座寺庙，要经过遍生松树的山坡和小谷，并经过其他三座寺庙的山门。沿着这条山路，你会来到一座山门前，红墙拱窗，窗上有着精美的石雕窗棂。窗拱上部雕刻着精美的萨拉逊风格缠枝花纹，这种装饰纹样在中国建筑上非常常见。大门的门槛有两英尺高，两侧为陡坡，和所有高出地面的结构的作用一样，门槛也是为了阻挡邪祟进入寺庙。即使有鬼怪处心积虑突破了这第一道防线，进入大门内，迎接它的将是更加可怕的考验。两尊面目狰狞的门神就耸立在门内的两侧，高大骇人，冒着火苗的长枪举过头顶，做出要随时掷向入侵者的样子。在幽暗的光线中，这些门神仿佛活过来一般，一眼望去就让人心生畏惧，也让人不由得相信，没有鬼怪敢于挑战这两尊门神的夹击。

庙里这些或面目狰狞或慈悲祥和的塑像，在寺庙经济生活中的地位非常重要，如果不介绍一下它们的制作工艺和艺术特征，就有些说不过去了。制作这些雕像的主要原料是泥土和麻纤维。尽管有些近代塑造的佛像略显粗糙，但不得不说能用如此普通的材料塑造出这些佛像的匠人们技艺超群。这些塑像的样式都是程式化了的，像门神那样呈现激烈姿态的神像是其中的杰出之作，而那些姿态安详的佛陀和门徒们的塑像，则显得有些乏味，艺术水平偏低。一座合格的佛像不仅仅是一个外壳，还要有一套内部结构——制作者会放入一个红色的袋子代表佛像的内脏；同时，为了赋予塑像生命气息，一只大小合适的动物，比如一只老鼠，会被活活囚禁在塑像里面。制作完成的塑像，会被施以颜色生动、设计繁复的彩绘，并涂以真金。据说，在时局动荡时，庙里的佛像内部会放置比老鼠和红布袋更加珍贵的物品，弥勒佛的大肚子经常会被用作避免宝物遭到劫掠的储存室。然而，神灵和财富结合在一起的结果并不总意味着吉祥——如果你曾到访位于北京以南的"蓝庙"（Blue Temple），你会发现庙里那些与真人等大的佛像的背后都被凿开了。

这是太平天国时期，驻扎在此地的中国士兵为了寻找珍宝而留下的"杰作"。

图128 门神。北京的哈同先生拍摄

我们鼓起勇气，在门神的注视下穿过大门，爬上一段陡峭的台阶。台阶两边各有一根高高的旗杆，插在石窝里，旗杆顶上有一个黄色的瓷球，在特定的神圣节日，瓷球上会挂上灯笼。爬完石阶，我们走进第一重院落，这也是所有院落中最美丽的一个。在院子中间的甬路两边，是传统的钟楼和鼓楼，这是中国建筑中最为迷人的两种形式。这两座相似的建筑都是两层高，建筑下部是石头制成，拱形的门窗上雕刻着植物纹；建筑上部涂红，精美的石撑和末端绘有彩画的椽子承着上翘的屋檐。钟鼓楼的屋顶，绿色和黄色的瓦片闪闪发光。视线再向上是古松郁郁苍苍的枝条，在整个院落投下斑驳的阴影。我们常在经过这院子去往寺庙更高处时，见这院落被两个木匠占用着，他们把废弃的鼓楼作为工作场地，用寺庙里堆积的大块木方制作凳子。

图129 鼓楼

再爬上一段长台阶，就到了供奉四大天王的天王殿。这四座雕像两两立于殿的左右，可怕程度并不逊于进门处那一对门神。这四位天王各掌管一方宇宙，根据佛教经典，他们每个都有自身独特的色彩和象征。多闻天王的身体为黑色，一手擎赤蛇，一手持宝珠，负责掌管北方。广目天王为白色，手挥宝剑，掌管东方。增长天王为红色，手持宝伞，为南方天王。最后一个是持国天王，身体为蓝色，抱着一把琵琶，是西方天王。[①]四座雕像每一座都有一只大脚踩在一个痛苦挣扎的恶魔或者凡人背上，正要将其踩死。在大殿正中，当你爬上台阶时，一抬头就能看见的是前面提到过的弥勒佛，他形象朴素，但看起来笑呵呵的，他还有一个更通俗的名字叫"笑面佛"。根据佛教经典，他是未来佛，而他的大肚子代表他将把吉祥降临到中国饱受饥馑之苦的大地上。

另外一段台阶（这些台阶的坡度都依山势而建）通往三大主院的第一个。院子为四方形，似大学校园里的方庭[②]，周围都是居所。院子中间的大殿中有很多壁画。这是中国建筑中最典型的一种。其比例与古希腊神庙大致相同，不过其他方面都迥异。这类建筑清楚展示了西方人的视角里，中国倒置的本末——屋顶本应该从属于整体设计，在这里，却是最重要的部分，建造者不惜工本，使它用料繁多，装饰华丽。巨大的木柱由从2000英里外的云南森林里水运而来，上面承接着体量巨大、结构坚固的屋顶，最后覆盖上弧形琉璃瓦，垂直山墙铺设，呈波纹一样的形状。

屋脊上一条一英尺半厚的石压顶，上雕花草纹，压顶中间耸起一凤凰，雕刻精美，两端则是龙口张开的龙形雕刻。最具特色的自然还是山墙面的屋顶和檐部的下垂。对此，很早之前便有个假设，只是不知道对错。这个假设认为，中国建筑的屋顶是直接从游牧民族的帐篷演化来的。想象一顶大帐篷，用两根主要的柱子支撑着脊部，其他四根稍短的柱子支撑着四个角，帐篷布会在之间有微微的凹陷，这就是中国建筑线条的依据。在很多较大的中国宫殿建筑中，比如紫禁城里的各个大殿，有镀金链条连接着正脊与屋面，那如果不是帐篷绳子原型的遗留，就是对它的模仿。

殿檐低垂，四个檐角各挂着一个铃铛，在轻风中叮当作响。在屋顶四条垂脊的末端各栖息着一队造型古雅的雕像，这是一组脊兽。这些彩塑釉面的动物雕像与它们身下的琉璃瓦是一体的。一组脊兽可多达十几只。最高处的一个是一条头生凶角、尾部多毛、面容凶恶的龙，在它前面是八个或者十个难以描述的小兽，看起来像是狮子或者狗，它们耳朵竖立，以一种可笑的傲慢姿态蹲坐在各自身下的琉璃瓦上；每组脊兽的最末端是一个骑鸡的长髯仙人。据说这一组有趣雕像的由来是这样的：在久远的某个皇帝统治的时代，这片大地被一个淘气的、叫吻（Wong）的神灵所折磨，它总是用各种恶作剧骚扰皇帝和他的臣民。在皇帝的命令下，组织了一次对吻的抓捕。最后终于抓到了吻，并将其锁至宫中。然而，人们能抓住它，却无法杀死它。为找到一个能永久镇压这个神灵，并让其

[①] 作者所记的广目天王与持国天王掌管方位有误。——译者注
[②] 一种方形的空间或庭院，四周环绕建筑，常出现于国外的大学校园中。——译者注

无法逃脱的监禁之处，皇帝十分苦恼。一些有大智慧的贤明被召集来商议这一问题，他们给出了如下建议："把它用绳捆在一只母鸡身上，放在檐角。这里太高，鸡不敢往下跳，它身后再放上一列凶恶的野兽，它也不能往上跑。这样一来，母鸡就被永远困在这个位置上，而被捆在它身上的神灵自然也就和它困在一起了。"现在，诸位贤明的这一建议，在全国都得到了应用，你可以看到无助的吻骑在他的坐骑上，老实地待在檐角上。

接下来的院落中坐落着寺庙主殿，这座大殿与刚才我描述的天王殿相似，里面供奉着佛祖释迦牟尼和十八罗汉的塑像。坐南朝北、与释迦牟尼背对背放置的是诸佛中最为人性化的大慈大悲观音菩萨。这座大殿是最常举行佛教仪式的地方，所以这里有各种举行仪式所需的用品——巨大的锣和彩绘的大鼓、铜制的铙钹、和尚们随着诵经的节奏不时敲响的木鱼（心形的木制品）、跪坐用的长椅（供僧侣在冗长的仪式之间，从供桌往来休息之用）；供桌上也有成套的仪式用具，包括供佛用的碗，满是香灰的香炉（多年累积而来）、手腕粗的盘龙红烛、成堆的水果和用长条状的糖点心摆成的奇异的十字形的小塔。佛像的背后是一架木质漆器屏风，长长的满是灰尘的经幡和古老的油灯从房梁上悬垂下来，巨大的木柱漆成蓝色和金色，上方的天花板则是雕画精美的藻井。

对于经常在这座宏伟而阴暗的大殿里举行的宗教仪式，我会在稍后的章节里详述。当下，让我们先经过一段极为陡峭的台阶，爬上最后一座也是最高的一座院落，完成我们的观光之旅。这座院落与其他院落不同，它三面都是两层高的建筑，中间有一株美丽的玉兰树和一个莲花池。建筑中间部分的楼上，是庙里的藏书室，图书众多；东翼则是一个长约50英尺的连续长廊。据说有一位狐仙住在这里，而且在我们离开期间，它确实曾经现身过，并对我们一个当时睡在楼下的用人造成了灾难性的伤害。这位忠心的仆人曾在听到楼上有动静时，爬上通往我们卧室的摇摇晃晃的楼梯，与"妖精"面对面遇上了——这个狐仙跟传说中一样，有着茶盘大的眼睛——我们的仆人吓坏了，从楼梯上头朝下摔下来，造成了严重摔伤。但是，狐仙却从来没有造访过我们。我们唯一不太欢迎的访客，是古老木结构房屋里随处可见的蝎子。

寺庙里有位苦力是虔诚的信徒，他的虔诚不时让我们感到羞愧。在建筑施工过程中，一些佛像被从大殿里移了出来。其中一个小小关帝像（中国的战神，他手持大刀，表情夸张）被摆放在下面的院子里，任由风吹雨打。我们觉得可惜，就在某个夜里，将其带回，把它舒舒服服地安置在我们住所前面宽阔的走廊里。第二天，那位苦力过来了，看到关帝像之后就离开了，看起来有点不知所措。当日落时分，到了敬神的时辰，他的责任感战胜了在外国人面前的羞涩，准备了一碟白米饭，供在了关帝像的面前。从这一天开始，这位战神，尽管仍驻扎在我们的走廊里，但是从来没有少过晚间的供品。在一次春天的大旱之后，在位于寺庙南墙外的雨神庙，举行过一场很少见的正式的祭祀活动。主祭者身穿黄袍，将大量的符纸投到神龛前的火盆里点燃。当第二天大雨降临的时候，那些头一天围观了求雨仪式的乡民当然被深深地震撼了。但我们因为已经看到了晴雨表在过去一天稳固下降，自然没有那么惊讶。

灵光寺

　　1900年时，八大处曾为义和团运动的一处据点，其中较低的一处寺庙灵光寺，也和包围外国公使馆的历史永远连在了一起。在那年之前，寺院里有一座非常精美的佛塔，是这一带的地标，在北京的城墙上都能看得到。但围困解除之后，西方各国对义和团采取了报复性行动，一支联军的先遣队被派往八大处去攻打义和团的据点。他们事先议定了一个擒获驻扎在八大处各个庙宇中的义和团的方案——派出一支小分队绕行到达峰顶，其余人则在山下的平原上围起警戒线。尽管有数名义和团民在从香界寺往山下逃跑时被射杀了，但是计划还是部分失败了。作为一次报复性清缴行动，本应只针对义和团，而不伤及无辜百姓，但联军发现灵光寺不仅为义和团提供了驻扎之地，还主动为他们提供帮助，所以将整个寺庙付之一炬，也炸毁了佛塔。寺里的其他部分后来得到重建，但是佛塔则没有办法复原。在战事之后，那些曾经在香界寺附属的"行宫"度过了夏天前半段的英国公使馆的工作人员，返回这里来取回他们之前匆忙逃回北京时遗留下的财物，此时发现，在他们住所里到处都是义和团的装备、红色的包头、防弹背心等等。这些都是义和团民在匆忙逃走时丢下的。

　　古老的佛塔永远地成了过去，现如今庙里只余一截残基，但灵光寺仍然是八座寺庙中最有魅力的。它的魅力主要来自庙里位于一座陡峭的山丘之下、倒映着翠绿山景、湖水满溢、长满了蕨类植物的鱼塘，以及早春时节洒满阳光的温暖院落。

大悲寺

　　大悲寺位置比灵光寺高一些，但仍然处在海拔较低的山坡上，它还有另外一个名字"竹庙"。一进大门，迎面就可以看到院子的另外一头种着一行竹子。它们修长的淡黄色主干上，顶着茂密的羽毛状的枝叶，与穿过竹林通往上一层庭院栏杆、爬满台阶的藤蔓一起，共同形成了一幅亚热带景象，让人不禁想起里维埃拉和意大利湖区沿岸风景优美的南欧花园。在5月，庭院里无数盛放的夹竹桃，更加深了这种印象。在寺庙的另外一处，长着两棵银杏，这是在中国北方长得最高也最美的树种。在庭院的角落里，你还可以看到莲缸和一块块"活石"（Living Stone）。你在山上的很多庙里都可以见到这种石头，它们产自数英里以外的一个峡谷。这种石头像海绵一样多孔，所以当把它们树立在水中时，水分可以向上爬升，足以供数十棵微型植物在石头的缝隙和空洞间生长。在大悲寺，僧侣们用它来种植蕨类植物和粉红色的秋海棠。

秘摩崖

在大悲寺靠下一点的位置，一条狭窄的山谷汇入了八大处的主谷。沿着这条山谷向上走上不远，就来到了秘摩崖。就像高居山顶边的美丽的狮子窝一样，这座寺庙也有一部分被改造成了外国人的住所，但是无意中到访此地的游人，依然可以游览庙中最非凡的所在——沿着溪谷的一边，一条长达数百英尺的路，途中点缀着小小的楼阁，这条路一直通往一个石洞，里面的菩萨像还是原有的。对于一座寺庙来说，摩崖岩选址相当不寻常，它坐落在大山的余脉之间，这也赋予了该寺一种特别的浪漫气质，这也是其他七所姐妹寺庙所没有的。

龙王堂

去往香界寺的山径会在半山腰绕过一座很小的寺庙的外墙，这座寺庙叫作龙王堂（龙泉庵）。它的魅力之处在于鱼池，可惜鱼池边原有的枝叶舒展的大树近来没有了，多少消减了鱼池的美。通往庙门的一段石阶风景如画，而寺庙高悬于路面之上，庭院高出了至少十英尺。时任英国驻中国公使的朱尔典最喜欢这个院子，曾连续数年租住在这里。他的名字也与这个地方紧密地联系在了一起，经常会听到北京上了点年纪的外国人将这个寺庙叫作"约翰阁下的庙"。

宝珠洞

最后，还有宝珠洞，它是八大处中海拔最高的一座寺庙，从这里往下看，距离200英尺处便是香界寺的屋顶。这里只住着一位唠唠叨叨的老和尚，喜欢带探访者到寺后的一个山洞里去参观之前一位僧侣的涂漆"木乃伊"像（肉身贴金法像）。站在宝珠洞的平台上，面朝东方，右侧便是弧形的巨大山谷，将所有的寺庙都揽在怀中，末端是一面名叫虎头山的绝壁。若在夏日傍晚登临，总会看到这样的美景——一边是一望无垠的广阔平原，一边是你脚下山谷纵横的群山。至于从山上看到的美景具体如何，我将在下面一章详细描述。

全景、碧云寺和卧佛寺

碧云寺，建造于元代（1280—1364）[①]，但是现在的碧云寺与当初的那座已经大不相同。它坐落在八大处以北约5英里的一座山谷的入口处，位于山脚下，从八大处去颐和园便会途经此处。但去颐和园还有另一条更有趣的路线，从香界寺出发，沿平均海拔约1000

[①] 一般认为元代起于1206年铁木真建国，亡于1368年。——译者注

图130 一株树干雪白的老树。J.帕特森(J Patterson)先生供图

英尺的山脊而行，然后顺着一条从前皇家猎场的道路下山，在这条山路上，可以看到集广阔、美丽和悠久历史于一身的风景，可以说是世界上最美的风景之一了。在向北延绵了20余英里后，群山向东转弯，从而从两个方向环抱着北京。往东南方向望去，目力所及是一望无际与天相接的平原，就仿佛站在海边望向大海的感觉一般。在山下摊开的平原仿佛是一块巨大的花绿地毯，浑河宽阔的满是石头的河床，就像是它一道参差的镶边。平原上每一寸土地都得到了利用，夏天到处长满了庄稼——茎秆15英尺高的高粱的浅绿色叶子、番薯的油绿色叶子、蔓生的花生——它们赋予了大地无尽变幻的色调。数百个由土坯房子组成的村庄和农场，掩映在绿树中；数量众多的竖立着白色大理石墓碑的坟墓散落在各处，长满桧柏；北京城里大片的黄色屋顶，仿佛是一块金色的斑点镶嵌在大地中间。

"这个选址有点奇怪"，对于中国在此建都，每个人的第一印象都是如此。这里身处国家的北部边缘，远离大海和河流，更远离财富和人口聚集的长江地区，从前的皇帝似乎建都在了一个奇怪之处。而这一谜题的答案就是我们脚下的山脉和它后面延绵的群山。在过去数个世纪里，它们一直都是中原政权防御其主要敌人的堡垒。对于中国的皇帝来说，直到近代，游牧民族的入侵才不再是中原政权的主要威胁，而只有这里，因为紧靠着将中原政权和可怕的"游牧民族"分隔开来的自然屏障，是唯一安全的所在。战略中心便位于群山构成的弧形的焦点处，控制着多个外敌入侵的通道，可以在他们离开山脚前，对他们发起大规模进攻。实际上，明朝曾经一度定都南京，但是来自北方草原的威胁，使得他们很快恢复了北京的首都地位。

从我们所在的山顶上望过去，北京城最重要的特征——位于城市中间的被堡垒拱卫着的帝王宫殿（在马可波罗时代，它被称为"可汗的宫殿"）可以看得一清二楚。一位新来此地的人可能都不会认为这是一座城市——对于一个有着百万人口的城市来说，这片建筑太小了——因为我们能够看见的，只是由城墙围合起来的广阔的四方形城区中间，镶嵌在绿树掩映中的宫殿上闪耀的黄色琉璃瓦屋顶。这些北京内城的城墙，从山上看起来只是风景中一条条延伸约五英里的白色直线，只有城门的门楼和拐角处的角楼略有突出。城中除了上有五座宫殿的大名鼎鼎的"煤山"、人造山上有舍利塔的"北海"以及有着蓝宝石般漂亮圆顶的天坛外，再无其他地标。北京剩余的部分，由单层的屋舍和广阔的后院、零散分布的公园和庙宇组成，这些均被浓密的树冠所遮掩，从山上是看不到的。

颐和园位于北京城以北约6英里处，从一座孤山上迤逦而下，如平原上的一座岛屿。颐和园里亭台层层叠叠，最高处是一座巨大的亭台，整个倒映在山脚下的湖面上。这是一个人工湖，周长约2英里，周边的浅水区长满荷花。七十年前，这座园林如凤凰涅槃一般，在圆明园的灰烬里重生。圆明园由清廷里一位多才多艺的耶稣会传教士老先生仿照凡尔赛宫建造，在第二次鸦片战争期间，被英法联军烧毁。更靠近我们的地方还有另外一座孤山，山上点缀着数座形态优雅的佛塔，这里是"玉泉"的源头。玉泉的水质清冽无比，带有一点绿意，通过引水渠穿越平原送往北京。在北京城，泉水经过汉白玉制的水道流进紫禁城。

山下有数个村庄，每个村庄周围被低矮坚固的塔形构筑物所环绕，这些塔上还设有炮眼、筑有雉堞。这是清朝时期"旗人"生活的村庄，各旗的大部分旗人是在清军入关后作为屯兵永久驻扎在这里的。在经过这些村庄时，你仍能看到村中的妇女按照满族的风俗画着浓妆，梳着夸张的发型。再近一点，贴着山边上，矗立着另外一些奇形怪状的建筑物，有点像是废弃的欧洲中世纪城堡，但是都成组地建在上坡上不适合建筑的地方。它们的来历故事也很不寻常，可以追溯到乾隆时期。乾隆在其漫长的统治期间，为镇压边境的叛乱，曾计划过一次对西藏地区的进攻。同荣赫鹏去西藏"探险"时[①]一样，当时的藏民也依赖一种名叫"宗"的特殊堡垒抵御来犯之敌。乾隆决定提前训练军队以掌握专业的进攻方法，带着中国人的毅力[②]，他找来藏族工匠，让他们筑造了很多仿制的"宗"，然后用了数月时间训练他的军队学习进攻这种堡垒。这些士兵掌握了这些技艺后，被派往西部前线，最终获取了战争的胜利。这些"宗"的遗迹，如同是乾隆决心与远见的纪念碑，矗立在此地。我们眼前看到的这块地方，在清帝国被推翻之前曾是清政府的军事训练场，距离"宗"废墟的不远处，还有另外一处清帝国军事设施的遗址——昔日的皇家阅兵场。士兵们列队进入一个四周用墙围合起来的中等大小的场地，仿造北京城墙而造是其主要特点，它的修筑目的与"宗"一样。皇帝检阅军队的检阅台是一座宏伟的建筑，位于场地的另一端。它建筑在直径100英尺的圆形基台上，是两座40到50英尺高的完整的楼阁。基台筑有城垛，表面以巨石装饰，表明这是一座城堡。年老的皇帝和军事专家曾站在这里，俯视着他们最得意的军队演习围攻战术、持矛冲锋或站在后方射箭。可惜那样浪漫的时代已经过去了，现在这个院子里是一所农业学校。

在我们脚下，是"义和团"事件期间留下的最让人悲伤的遗迹。在这座小山的一条支脉上，四堵残垣支撑着的摇摇欲坠的框架，是英国公使馆夏季办公室留在世界上最后的痕迹。在义和团运动发生前一两周，这片建筑群刚刚完工，如今只剩下倒塌的烟囱和一些散落的墙体。窦纳乐一家从这里逃走后还不到二十四小时，义和团就闯入这里并将其付之一炬。这里毁坏殆尽，后人也不再试图重建。不过这片数英亩大小、堆积着建筑废墟的光秃秃的山地，仍然是英国皇家政府在海外零零散散的不动产之一。

在继续我们的旅程之前，这里还有一个现象值得一说。我刚刚描摹的这片土地，其所有的土壤几乎都是外来的，是被冬季凛冽的北风从蒙古高原上吹过来的。与中国西北部戈壁上的风沙穿过群山的壮举相比，移动勃南的树林可能还要更容易一些。一开始可

[①] 荣赫鹏为1904年入侵西藏的英军将领。——译者注
[②] 17世纪，中国将领左宗棠平定喀什噶尔的阿古柏之乱时，体现了这种特质。为了行军2000英里，他提前让先遣部队在指定地方种田屯粮，以为军队到达时候的物资。——原注

能很难相信，但只要不幸经历过一场北京的沙尘暴，你就会发现这个过程其实非常简单——空气中满是沙尘，天色昏暗，室内地面上落下的沙子堆积得如同海边一般。一次沙尘暴过后，乡村地区都被覆盖上一层沙尘，总量可达数百万吨，交通也会因为大量吹积物阻塞道路而中断数日。就像尼罗河每年为埃及三角洲带去新的淤泥一样，沙尘暴也不断为华北平原带来新鲜的肥沃土壤。

"上哪儿啊？"当我经过一位老农家门前时，他含糊不清地跟我们打着招呼。他的房子在一大块石头上面，只有一间石头小屋。在这个国家，这个问题就相当于普通的问候语"How do you do？"，并不是真的好奇这个问题（据说一个暴躁的同胞，在被重复问候了四五次之后，怒斥道："这些喜欢打听的中国人！"）。我们告诉他我们要去的方向，老人一家聚集在屋顶上，一直注视着我们。他们家有好几个幼小的孩子，不着寸缕；几个大点的男孩儿和女孩儿，也是衣衫褴褛。有一头驴和两只山羊也和人们一起站在屋瓦上，啃着屋顶上的植物嫩芽，显然和他们住在一起。他们一家人目送着我们离开。走上一英里，我们就到了皇家猎场的围墙边，那围墙像是抛在山峰和山谷之间的一卷长绳。这座猎场曾经被精心维护，蓄养着供皇帝练习骑射的鹿和野兔。但如今，围墙上到处都是缺口，在我们的位置下方约1000英尺的较低的山坡上，建有一座疗养院和一座孤儿院，见证了历史的进程。在不久之前，鼓声和狩猎的号声也许还飘荡在我们脚下的山峰上，但现在站在此地，更有可能听到的是山下孤儿院里数百名孩子参差不齐地合唱英文歌的声音。

皇家猎场里下山的路弯弯曲曲，一路都是齐膝高的野草，草丛中点缀着鸢尾花和红色野百合。在这儿可以一眼就看到碧云寺和寺中最醒目的标志——一个巨大的基座上的由6个大菠萝形的窣堵坡环绕着一座中心塔。这种风格完全是印度式的，并且事实上，该寺庙确实是因为由一位印度来的游方僧人主持建造而闻名于世。沿着小路，我们到达了平原地带，沿着猎场的围墙走到了通往碧云寺正门的砖石路上。经过树立着的几座牌坊和一些卖水果的货摊后，我们进入庙里。这些寺庙的平面布局基本相同，我前面描写过的香界寺可作为参考，但因为碧云寺的地势更加平坦、僧侣们更加富裕，所以庙里各处细节更显华丽。例如，香界寺里从一个院落去往另一个院落要经过一段台阶，这里则是通过一座汉白玉石桥或是一座雕花的牌楼；香界寺大部分墙面都是刷成红色的灰泥墙面，这里用的则是雕刻了花纹的石材。庙里面用易朽坏的材料制成的部分已是强弩之末。[①]在第一进院落中，两座侧殿损毁严重，殿内那些曾经有屋顶遮蔽的非凡的艺术品都暴露在了阳光下。这些艺术品的题材均是天堂和地狱，采用的是与制作佛像一样的材料，然后描画成如同落基山脉[②]那样的崇山峻岭，中间点缀着被诅咒下地狱和受祝福上天堂的人。一些已经坍塌、斜倚着的房梁是这两座侧殿屋顶最后的遗存，而它们正面的墙壁，也已经倒在地上成了一堆瓦砾。暴露在风雨中，那些代表着天堂和地狱的部分很快就变得支离

[①]自文章写完不久，该处就进行了维修。——原注
[②]落基山脉是美洲科迪勒拉山系在北美的主干，被称为北美洲的"脊骨"。——译者注

图131 碧云寺。北京的哈同先生拍摄

破碎，很难将两者区分开来了。然而，经过非常仔细地观察，我从一尊正在被豺狼撕咬着要害处的普罗米修斯一样的菩萨身上，发现了关键所在。另外一个同样类型的例子在主殿里。在这里，十八罗汉出现在雄伟壮丽的悬崖峭壁之间。山羊在山顶上跳跃，恐怖的巨龙在山隙间穿行，豹子在山谷中游荡，猴子在山梁上爬行。这些庄严肃穆的罗汉，有的站在峰尖上，有的趺坐在山洞中，显然都在虔诚地静修，完全无视周围喧闹的环境。这些塑像出色地表现了灵魂从世俗超脱这一主题。

"千佛殿"是中国寺庙中常见的特色建筑。在经济条件稍差一点的寺庙中，比如香界寺，会在大殿的墙壁上设置壁龛，放置一定数量的佛像，来代替千佛殿。而碧云寺，则是另外一个极端。它有两座宏伟的大殿，每座里面有五百尊真人大小的佛造像。这些佛像平行排列，施以金红大漆。当一个人站在殿门处，可以看到，光线从狭窄的门窗射进昏暗的大殿，照在他们抛光过的脸和肩膀上，经过一排排的佛像的反射，仿佛火光一般。

在碧云寺以北不远的山谷里，还坐落着其他几座风景如画的寺庙，卧佛寺就是其中之一。一尊巨大的佛像以一种极不舒服的姿势侧卧在主殿里，接受着膜拜。这里在前朝盛世时甚至吸引了皇帝的膜拜，他还在大殿后面建了一座行宫。这里交通方便，有条支路直达山门。过去十年，这里被基督教青年会（Y.M.C.A.）租下来作为夏季度假之所。而每年夏天，也正好可以欣赏到僧侣们在古老的庙宇中举行朝拜仪式的奇特景观。就在数码之外，在同一个寺庙里的一座开放式的亭子中，供着一个基督教的祭坛。这座亭子也曾是皇帝休憩之所。除了"卧佛"之外，这座寺庙还有另外一件珍贵的物品——一首乾隆御笔亲题的诗，据说乾隆皇帝还是一位诗人和艺术家。他将诗写在一块石头上，之后工匠按照他的笔迹用凿子阴刻后，涂以红色。寺庙里的一座汉白玉牌楼的牌匾也获得了此项殊荣，这座御笔亲提的牌楼至今仍完好无损地矗立在寺庙入口处。

白松陵[①]

八月里月圆那一天，我们在接近黄昏的时候出发，从香界寺去往龙门寺。道路宽阔，沿着浑河河谷一路向西数英里。日落时分，夕阳斜照在前方两边弥漫着紫色暮霭的山谷里，黑黢黢的山峰忽隐忽现，一时间让人感到仿佛置身神话世界。当天光收尽，暮色四合，在距离龙门寺还有数里的地方，我们的驴子和轿夫向着山边一块黑暗的区域走去，我们的目的地就在那边。我们跌跌撞撞爬上了一条溪流的河岸，到达山下不远处，终于走出了河谷，来到了一片宽阔的草地上，而在遥远的视线尽头，寺庙的山门已隐隐可见。有六头骆驼在这片草地上过夜，它们肯定是周围的某个小村子的财产。它们旁边生着篝火，火光模糊地勾勒出这些骆驼笨拙的身影，而它们的主人则坐在火边，煮着晚餐。穿过这些

[①]原文为"The White Pine Mausoleum"。——译者注

拴着的牲口，我们来到庙门之前，不料发现门已经上锁了。我们不得不耐下心来等待一个男孩儿去叫看门人。

我们想参观的地方以"白松寺"的名字为外国人所熟知，但其实这并不是一座寺庙。边上曾有一座龙门寺，不过早就已经成了一堆瓦砾，但龙门寺的名字与我们要拜访的陵墓连在了一起。这座陵墓建于17世纪中叶，由明朝末期的一位皇帝建造，可未及竣工，满族人就入主了中原，最终明朝皇帝没有葬在此地，这里成了清朝一位亲王的陵墓。

这座陵墓因为其令人印象深刻的白松（学名应该是白皮松[①]）神道而闻名。白皮松是一种本地树种，其特点是树干上雪白的树皮和巨大的枝干。神道两侧建有高墙，在昏暗的光线中走在这条道路上，是一种颇为恐怖的经历。繁茂的枝叶在道路上空织成了一顶顶巨大的黑色顶棚，银白色的树枝仿佛是覆盖在灵车上的巨大灵帐。在道路两旁的深草中，白色的树干隐约可见，仿佛是一座废弃神殿的柱子；而于昏暗之中，树干之间，每隔一段就可以模模糊糊看到巨大的石人和石头异兽，让气氛更加古怪。在道路的尽头，第二道大门之前，有一座用作供桌的石台。当我们到达后，附近村里大概所有的孩子和大部分成年人都聚集到了这里。我们吃饭的时候，孩子们小小身体在我们周围围成了半个圈，在看门人给我们的灯下，他们的眼睛闪闪发光。

石桌后面的大门雕刻精美，门上有两幅巨大的雕刻着高浮雕水陆两栖怪物的木板，在闪烁的灯光下，活灵活现，蠢蠢欲动。我们向围观的人询问这些怪物的情况，得到的回答多种多样，但是当我们在失望中求助那位老看门人时，他很权威地回答说这种生物叫作"水狮子"。这种描述方法也太普通了些。

晚饭之后，我们沿着一条一直向上的道路缓步穿过寺庙。一路上不时有一段台阶，以及数座石雕门楼，两侧都有巨大的动物雕塑。门楼上安着两个门框，门框里有石头雕刻而成的大门。尽管

图132 龙门寺白松神道。J.帕特森先生供图

[①] 以1831年发现此树的俄国植物学家亚历山大（Alexander von Bunge）命名。于18世纪下半叶首次引入英国。——原注

第二章 西山访圣记 | 073

这些大门门轴部分已经卡死，不能再开合，但仍然端正地立在原来的位置上。最后一段台阶，通向一个小小的圆顶房子的入口，这个房子里有一块庄严的石碑。这是一块纪念碑，末端安置在一只石头巨龟（龟跌）的背上。这块特别的石碑，有9到10英尺高，背面一片空白，但正面和其他石碑一样，用汉字和满文阴刻，记录了死者的生平。据说，霸占了这座陵墓的亲王，后来出于一些顾忌，将其保持了原样，并没有下葬在这里。

石碑之后，在一座高高的土山下面，道路分成了两条。我们选择了其中一条，借助微弱的灯光摸索前行，爬上一段石阶，走过铺着尖锐碎石的蜿蜒坡道，最终来到一片平坦的地方，这里就是陵墓所在，所有庄严肃穆的道路最终就是为了通到这个最高点。但是，这里的布置似乎有点虎头蛇尾，没有预想中皇家气派的神龛，毕竟这一路走来所见的其他事物的规模和精彩程度让人非常有理由这样期待——除了一个毫无修饰，由砖石和灰泥砌筑而成的难看的坟包，这里什么都没有。但是中国的坟墓经常是这样。不管在装饰通往坟墓的道路上花费多少钱——那些牌楼、石碑、亭子，逝者——无论是贵族还是贫农，尸骨都是躺在一个光秃秃的土堆下面；只有葬在特有墓地上的僧侣，在真正的坟墓上方会修建纪念物，一般是一个小型的窣堵坡。孔夫子的坟墓上也只是盖了一块石板，尽管旁边为纪念他而修建的孔庙几乎可算是整个中国北方最宏伟壮丽的庙宇了。

当月亮出现在山顶上，我们开始转头回家。而留给我的最后的印象，则是隐隐闪现的寺庙门楼——在我们到来的时候，它身披着黄昏最后一道日光，而现在，它则反射着第一缕月光。

肉身菩萨庙

从八大处向山里走一个小时，有一个名叫天台寺的小小寺庙。关于它的历史，有一个浪漫传说。官方史料记载，清朝第一位皇帝顺治（康熙大帝的父亲）去世于1661年，而他在东陵下葬的过程也如其他皇帝的葬礼一样隆重。数年之后，一则关于他真正结局的故事开始流传，并最终收录在一本声称解密"宫廷秘史"的书里，现记录于下。

顺治皇帝疯狂地爱着他的一位后妃——美丽的董鄂妃。他像一位伴读学者一样，手把手地教她读书，并向她灌输他自己的宗教热情，直到她最后像他一样成为一位虔诚的佛教徒。

清廷的后妃体系是允许侧妃升格为皇后的，顺治下定决心要让董鄂妃成为他的正配。但因董鄂妃是汉族人，清廷严格禁止皇帝与异族女子结为夫妻，皇帝的这一决心受到致命阻碍。他们的结合不被承认，董鄂妃也因此在绝望中离世。她的死使得皇帝陷入了深深的悲痛之中，他抛下皇位和江山，向佛门中寻求化解悲痛之法。他独自逃出皇宫，消失无踪。为避免国家陷入混乱，大臣们只能宣布皇帝驾崩，举办了葬礼，并拥立他一个幼小的儿子为新的皇帝。

有一天，天台寺的僧侣们按照皇家命令，为不久前被朝廷宣布去世的青年皇帝做法事时，一位憔悴的年轻人敲响了庙门，求见方丈。方丈接见了他，他告诉方丈他想成为庙里的一员，并要求立刻接受新人考核及关于佛法和经文知识的考察。他表现优异，通过了考核，当天就成为该寺一员。不过不久后，他就因不满寺中的严苛律令，从寺庙中隐退，如一位隐士一般住进了寺庙旁边的一个岩洞里，从此再也没有离开过。

几年后，小皇帝长大，不知如何知道了这个秘密。他御驾亲临，又惊又喜的僧侣们跪在寺门前，夹道欢迎。皇帝目光如炬，仔细端详他经过的每一位僧侣的脸。最后，他问方丈是否庙里所有人都在场了。方丈承认确实有一位隐士缺席，即使是这样隆重的场合，他们也无法说服他离开洞穴。皇帝坚持要去看望他，手脚并用地爬到了山洞处，让做向导的和尚大吃一惊的是，皇帝只看了一眼洞中人，就跪在了他的面前，大喊："啊，我的皇阿玛！"为人子女的责任，可能是中国人心中最为强烈的冲动，以至于他立刻呼喊了出来，而这个秘密也就不胫而走了。[①]

图133 天台寺（肉身菩萨庙）。M.E.韦瑟罗尔（M.E.Weatherall）先生供图

[①] 这一故事的大多数细节都来源于英帝国司令勋衔获得者庄士敦写的一篇很有趣味的文章，刊载在1921年2月的《新中国评论》中。——原注

虽然这个故事和其他许多趣闻逸事一样，已被无情的历史学家证明是漏洞百出，但那个皇室和尚的肉身——且这样称呼它，仍然存在于天台寺，显而易见，这儿的僧侣坚信那是真的。于是我们到庙里去参观这一稀奇的历史遗迹。当时正值雨季，我们去的那一天，近处的众山风和日丽，远处的山间暴风雨肆虐。这条路跨过香界寺后面的山峰，沿着浑河河谷延伸很远，最后从我们的视线里消失在路两边最高近6000英尺的高高低低的山峰后面。我们数周之前去参观白松陵也是走的这条路，但今天山谷里的景色，与那天在这条路上看到的弥漫在山谷里珠光一般微妙和谐的场景形成了鲜明的对比。今天，大自然用了另一个色板来绘制风景，它也许是想在这里描绘神话里众神没落的场景。远处的山间不断传来打雷的声音，其中最高的清水尖的峰顶被遮蔽在流云之中，酝酿着大雨，像一团团曳动的浓烟，不时扫过远处的地平线。靠近山谷处的山峰上的白云岩显示出山的主体，但山峰的顶端则呈现为黑色的剪影，山谷里开始变得晦暗不明，只有在乌云边缘云层稍薄的地方，透出几屡白光。在这场大自然的风暴中，前景却是一条沐浴在祥和阳光中的山谷，山坡上满是玉米田和果园。

我们沿着山坡往下走，直到来到一条河流的岸边。一座拱桥连接着河流两岸的道路，这种桥被称为驼背桥，但其实这种拱起30度的单拱拱桥的形态并不像它的俗名那样笨拙。桥对面有一个小小的神龛，两边各有一株柏树，中间供着一尊不知名的神仙，无疑是本地的仙人。过河之后，我们又踏上了山谷中一条向上攀升的小路，两侧都是高山，直到一个隘口我们才走出了山谷。这个隘口的海拔与我们刚刚下来的山梁齐平。我们沿着山坡走了一英里，来到了一个小小的红色大门前。大门顶上有一座门房，勉强能坐下里面那个又高又壮的看门人。他高高地坐在那儿，注视着我们一行穿过大门。从大门到庙门约有四分之一英里，路两边都砌着墙。这座庙的规模很小，只有一个院落、两座佛殿，一座与其他寺庙一样供奉着佛像，另外一座则供奉着那尊有名的肉身和尚。在院子里饮过茶，我们由一位可爱而善谈的僧人引导着去参观这个肉身和尚。这位僧人问我们团队中一位"年龄不详"的女性"贵庚"，制造了她的恐慌，这个问题在中国是合乎礼节的——在中国，年龄越大越受尊敬，但却让我们的这位朋友陷入了两难。

这位从前的皇帝——如果真的是他的话——端坐在一座顶上有华盖的佛龛里，身前的供桌上摆着贡品。他身上的黄色僧袍上有积年的灰尘，但是他的脸如同活人一般光洁饱满。他的肤色是古铜漆色，和我们在开罗国家博物馆里所见的法老干瘪的肉身和尚一点都不像。尽管我对防腐药剂的知识一无所知，我还是相信我们看到这座木乃伊并没有经过防腐药剂的处理。无论如何，他已经足以让普通的民众相信他并不是防腐制成的，并成群结队地到庙里来朝拜他。当然，因为拥有这样一座珍贵的遗迹，这座寺庙从来没缺过钱，内外都装饰得富丽堂皇。更大的那个佛殿中供奉着佛像，佛像身下的莲台是一件工艺精湛的蓝色瓷器；庙中的大钟有五英尺高，是一件极好的雕花青铜精品，供桌另一边有一大鼓与铜钟相对，鼓上的彩绘皮纸也是举世无双。依我浅见，这座庙里的点睛之笔是佛像背后屏风上的浮雕。它表现的是大慈大悲的观音菩萨姿态优雅地立在波光粼粼的海面上,根据佛教传说,她正在超度一条船上的灵魂。一个外形奇异、像小天使一样的生物跪在她脚边的波涛之上。精致纤细的笔触让人很奇异地联想到桑德罗·波提切利[1]的《维纳斯的诞生》。那位僧侣也不知其来历,但不管它有着怎样的身世,当年绘制画稿的那个人肯定是一位大师。

在离开寺庙前,引路的僧人带我们穿过墙上的一道门,将我们领向一个建于寺外、高悬于山谷之上的观景台。在此地凭栏下望,可看到坐落在河流两岸的村庄的屋顶,以及稍远处绿草如茵的山坡上四处觅食的羊群。向峡谷方向不远处,有数座低矮的窣堵坡,这是之前去世的僧侣们的墓碑,那些规模稍大的属于曾经的方丈们。夕阳灿烂,镶着银边的积雨云仍然徘徊在遥远的浑河河谷中,组成了一幅令人难忘的景象,我们许愿说,如果来生成为一个中国和尚,我们将以那位痴情的皇帝为榜样,在山上的芸芸寺庙中,选择天台寺作为栖身之所。

戒台寺及其所在圣山

目前提及的所有寺庙都位于浑河左侧,或者说是北岸。如果读者们还没有觉得疲惫,我们现在可以去两座位于浑河右侧的略有不同的寺庙。旅程的第一部分我们可以乘坐火车,从北京上车沿京汉铁路坐四站,或者乘坐从西直门站通往浑河河谷出口处门头沟一产煤村庄的支线铁路。

这两座寺庙分别叫作戒台寺和潭柘寺,与它们相关的回忆始于某年中国春节期间的一次参观。中国春节是一个重要的节日,那时是2月上旬,我们在寒冷中完成了旅程,夜晚的温度会降到华氏零度(约零下18摄氏度)左右,而庙里也没有壁炉。我们选择了前文所提的第一条路径。走这条路有一个好处,就是乘坐火车跨过一条河流时,可以看到那座著名的马可·波罗大桥[2],它连接着北京通往南方的大路。下面是马可·波罗从北京返回祖国后写下的文字:

当你告别了大都,骑马前行十英里,就来到一条名叫白利桑干河(Pulisanghin,浑河旧称)的大河边。这条河东流入海,所以商人们可以带着他们的货物从海上溯流而上。在这条河上,有一座非常精美的石桥,独领风骚。桥约两百步长,至少有八步宽,可以容纳十个成年男人并肩行走。桥身一共有二十四个桥洞,设置了同样数量的水磨,都是用优质的大理石制成,工艺精湛、扎实坚固。总而言之,非常优美。

---

[1] 桑德罗·波提切利(Sandro Botticelli, 1445—1510),欧洲文艺复兴早期佛罗伦萨画派的最后一位画家,意大利肖像画的先驱者。——译者注
[2] 即卢沟桥。——译者注

他接下来描写了现在仍栖息在栏杆的柱头上的石雕狮子，以及桥梁两头的精美雕刻。从马可·波罗时代至今，所谓的大河从规模上萎缩了很多，海上船只已无法通行此处，但是他书中描述的那座石桥仍然矗立在这里（乾隆时期曾对其进行了彻底大修）。当火车从它旁边一架钢梁大桥上驶过时，从火车上能够将它看得十分清楚。

我们于长辛店站下车，骑着驴去往九英里外的山区。在路上，我们经过了一个很大的村庄，整个村庄在春节里非常安静，不过为庆祝这个节日，每家的大门上都贴着艳丽的门神年画。接近道路尽头时，我们来到了一条小河的河床上。沿着一座悬崖的崖底，旅行者们可以到达戒台寺所在山峰的山脚下，而戒台寺就修建在之上较高的山坡上。

借用典籍中的一个词，如果人类的工作能有将土地神圣化的功能的话，我们脚下的山峰就是一块"圣地"。五十多代戒台寺僧人用锤子和凿子在山体上雕凿，直到山石上刻满了虔诚的经文，路边皆有佛龛，石灰岩石洞里凿出了佛堂。这些成就中，我们首先要介绍的是一对直接从山体上雕刻出的佛像。我们沿着河岸边的石子路往山上行进，道路曲折，脚下是去年的落叶以及不时出现的积雪。这两尊佛像就出现在路边。映衬着这冬季的背景，山路上一座漆成色调柔和的蓝色与绿色的牌楼突然出现在视野里。这意味着寺庙已经很近了，我们很快就看到了红色长蛇一样蜿蜒在山峰和山谷之上的寺庙围墙，并在几分钟后走进了山门。

在中国这部分地区，甚至到长江流域，一些规模较小的寺庙将戒台寺视作它们的上寺。这些小寺庙中的方丈，很大比例是从戒台寺选拔出来的。但是，戒台寺存在的最重要的意义在于，大部分和尚都在这里正式受戒；而这座寺庙最大的特色，不管是从抽象还是具象意义上来说，是它的戒台。这座戒台有400英尺长，20英尺宽，用开放式的石头栏杆围绕着，横贯寺庙整个上半部分。戒台之外即是悬崖，站在戒台边缘，可以越过下方建筑物的屋顶看到平原，只有中心大殿的屋脊和两座小塔会打破视线，据说这两座塔下面埋葬的是从前的方丈和尚。舍利塔造型优雅的多层塔檐高度超过了戒台，并且为这里常年提供了乐声——当微风吹过，小塔檐角上的铃铛就会叮当作响。戒台后方是一系列庭院。其中一座是客院，另外一座住着一位隐居的亲王，他是著名的恭亲王（1860年与额尔金签订和约）的儿子；还有一座庭院里面是千佛殿。主殿位于戒台中段的位置，这是一座宏伟的重檐建筑，修建在一个比戒台高出三四个台阶的平台上。

戒台末端是客院的大门，往下一点则是庙里的厨房。在吃饭时间，会从这里走出一队厨师，他们身穿类似挤奶工的围裙，每人拎着两个桶，桶里是和尚们的斋饭——米饭、小米和豆类。他们将这些食物提上台阶，提进一座大殿。大殿里和尚们坐在一排长凳上，每个人面前放着两个碗。进入大殿后，厨师们从木桶里将他们做好的粥舀出来，来来回回地走，一看到哪个和尚将吃完的碗放在桌上，就添上满满一勺。从厨房那边，整天都飘出木头燃烧生成的呛人浓烟，还有农家院落里常会听到的猪的哼哼、鹅的鸣叫，当然更主要的是高声诵读的声音。

图134 戒台寺方丈。北京的哈同先生拍摄

　　戒台两边从头到尾种着两行松树，其中有很多稀有品种，包括一株堪称样本的白皮松，一条根基干上生了八根主干。它和其他临近的几棵松树树根处都围绕着大理石栏杆，还各有一块石板刻着这棵树是某个皇帝亲手栽种的云云——这是因为戒台寺是一座皇家寺庙。有一些松树按照中国人喜爱的方式经过了精心修剪，长成了奇异的姿态。其中有一棵很特别，它的树干穿过了栏杆之间的孔洞，树枝伸进了下方的院落里。

　　正如我之前提到的，这时的气温接近华氏零度，我们睡在没有取暖设备的房子里，身上盖着厚厚的一堆毯子。躺在我们温暖的小窝里，可以听到和尚们正在举行晚课，随着他们在不同殿宇之间穿行，喃喃的诵经声时高时低。这些可怜的和尚们，只穿着普通的布袍，他们在冰冷的步道上行走和跪拜时是怎样忍受这极端的寒冷的呢？我一直想不明白。此情此景，叫人忍不住思考，究竟是什么促使他们愿意接受这样痛苦的历练。这种行为背后的原因是什么呢？若以表情来看，答案应该不会是对于宗教的虔诚。我曾努力观察过这些和尚们：有一个在四处走动，专心地欣赏风景；有一些人眉头紧锁、目光热切、四处打量，像是在着急找东西的人；剩下的那些人，也是大部分人，完全面无表情，甚至连中国农民常常挂在脸上的友好的表情都没有。也许是传统和习惯的重压已早早禁锢了他们，他们没有时间设想另一种生活方式。

前文提到的受戒，是一种非常难得一见的仪式，或许都没有外国人亲眼目睹过，我也只能记录下一些听闻。这是一个冗长的典礼，每次持续数天，包含多个阶段，有些会包含对忍耐力的巨大考验。长时间辟谷之后，这些新人要在一年中最寒冷的季节里，赤足在大理石步道上站立数小时，期间如果显示出任何虚弱的迹象，就会被淘汰。与在寒风中举行的各种仪式相比，最为严峻的考验，也是真正可怕的事，是在候选人的头上涂抹了黑色的东西之后，将点燃的木炭的尖头插入头皮，并留置其中直到烧至头骨。经过这一仪式的人将终身携带着这些标记，而通过这些脑袋上的戒疤也很容易识别出一个中国和尚。

我在前面已经介绍过中国寺庙中的各种制造"噪声"的器具——因为那不能算是音乐，直到在戒台寺，我们才真正知道了它们的用法和效果。饭后，我们正坐在戒台的后方，中心大殿里隆隆的鼓声吸引了我们的注意力。我们掀起了大殿门上厚重门帘的一角，进入了殿内。殿内一片黑暗，在一个油碟里漂浮着一根忽明忽暗的灯芯，佛龛里的佛像和他的信徒们几不可辨。在大殿的最深处，在一根蜡烛的光晕中，我们可以看到正在击鼓的鼓手。这个鼓从各个方向看都像是一个水平放置的大桶，由一个木制框架架在齐肩高的位置，一面蒙着一张厚厚的皮纸。用这个庞然大物，一个和尚正在演奏着真正的清唱剧。在此之前，我对于鼓这种乐器中蕴含的潜力没有丝毫概念。我曾经听到过一个有名的军乐团的盛装演奏，也听过当地专家演奏筒鼓，但是这位中国僧侣鼓手的技艺与他们大不相同。他站在鼓前，挥舞着两手中的鼓槌——一尺来长的普普通通的圆形木棒，双手翻飞，如同一只巨大的蝴蝶在鼓面上震动着双翅，不断在鼓面的边缘和中心之间、鼓身和鼓框之间游动，敲击不同的部位时都会发出不同的声音。他的双手动作各不相同，而他以槌击鼓的动作看起来赏心悦目。他的动作不停在变化，有时候是急促的敲击；有时候悠长而迟缓，如同拉起小提琴的琴弓；有时候是将鼓槌贴在鼓面上，双手用眼睛难以看清的速度颤动，不断地敲击着鼓面的中心。空旷的大殿里，回响着上千种不同的声音，一时你会听到流水潺潺，一时又会感觉听到了火苗在树叶间跃动的声音，之后是隐隐的雷声，惊涛拍岸之声；此时鼓声渐渺，如黄蜂嗡鸣，几不可闻，彼时又鼓声大作，如野兽咆哮，最终变成一声适合作为是末日审判序曲的轰鸣。忽然，鼓手停下来，出乎意料地轻轻敲击了几下木制的鼓架。从下方的院落里传来一声回应后，宏伟的钟楼里悬挂的大钟发出了一声长鸣，那是我从来没有听到过的纯净音色。此时，从寺庙的另外一个角落，低音锣的声音也加入进来，再之后是敲木鱼发出的断续的声响——就像是啄木鸟在敲击树木，而此时这曲交响到达了尾声。在一天的二十四小时里，演奏会重复三到四次，与西方人心中的音乐概念完全不同，这种定时传来的奇异的交响能够在人的脑海里交织成最强有力的印象。

戒台寺所在的山坡广植林木，其草木繁盛程度远超西山大部分山峰。[①]秋季，这里野花盛开，其中包括一种大型的蓝色风铃草、紫菀、紫色蓝盆花和一种龙胆紫色调的翠雀——龙胆紫是中国这一地区的野花的主色。山上多植一种橡树，学名槲树，这种树有着超过一英尺长的巨大叶子。庙外的一片松林里隐藏着一条浅浅的小山谷，这里从前是僧侣和方丈们的冢地。谷底有一座八层的佛塔，树冠已经到了它的肩部，塔顶和塔身的缝隙里也生长着很多的小树，塔和周围枝繁叶茂的环境融为了一体。塔基旁边的空地上，有一块长满苔藓的石碑和一些残破的石质祭祀用具。而在佛塔周边那茂密的丛林里，有数十座古老的灰色窣堵坡隐身其中，塔身均有不同程度的残损。这里美丽又安静，探访期间，只有从一群从古塔裂缝的巢穴中起飞的鸽子，以及洒满阳光的林中空地上翩翩飞舞的伊眼灰蝶和优红蛱蝶，跃动于这一方空间内。

　　从寺庙的相反方向出发，走过一条类似于朝圣之旅的道路，道路尽头是一座位于险峻的高峰半山腰上的小寺庙。寺庙比戒台寺高出约1000英尺。这一路上会经过很多用石头雕刻而成或是利用天然山洞建造的佛窟。据一位守卫人员说，主佛在一个深约两里的山洞的洞口处。其底座是从石头上开凿出来的，以供奉中心佛像。而沿着山壁的平台上，供奉着十八尊真人大小的罗汉像。一些稍小的洞窟，洞口有漆成红黑二色、手持长矛的守护神，其他千姿百态的造像则隐藏在黑暗中。在下方山坡一个山洞里仔细探寻，你会发现有一座俯视着山谷的小小坟墓，在墓前有一个石头雕刻而成的新月形的座椅，两侧各植有一棵柏树，体现了一种平和的孤独，有着奇妙的古典氛围，仿佛是从某个古老的意大利花园完整地运到了这里。

图135 戒台寺的戒台

[①]根据俄国驻北京使馆的医生布莱资奈德于1876年的记录，一条曾在冬天袭击农家的豹子在寺庙周围的森林里被猎。——原注

走上山脊顶端，美丽的风景便在眼前展开，刚到中国的外国人会大吃一惊，他们会发现原来中国古代风景画家的作品居然是按照真实的风景创作的。眼前的峭壁似乎是凌空拔起，其上松林如带，层层缠绕；巉岩以奇异的角度斜飞而出；在大山的怀抱里，寺庙看起来就像是两个白色的斑点。这景象如此生动，让人想起明代大家的画作。这些画作中有一种他们摸索而成的笼罩着神秘色彩的艺术效果，只能归类于无法定义，也正是这些无法定义的部分让中国成为一个如此的独特世界。

潭柘寺

连接戒台寺和它边上寺庙的道路是两类人踩出来的——一是从山间煤矿里运煤的农民和他们的驴子，一是辗转于寺庙间的和尚们。我们遇到过很多次运煤的队伍，每只小小的毛驴背着一个小袋子，身上满是煤灰，但是衬着鞍子上贴着的写在红纸上的新年福字，看起来喜气洋洋的。我们只遇到过一位僧侣——一位坐着滑杆的老方丈。他所乘坐的是当地常见的四人抬滑竿，乘坐者大约坐在抬竿人肩膀高的位置，头顶上有一顶中间略高、前后向下倾斜的蓝色长遮阳篷。这倒是种优雅的交通工具，为乘坐人增添了一分品味。我们遇到的这位方丈是一位相貌端正的老年绅士，形象文雅、谈吐温和，走过时带着一种庄重而高贵的气质，给人的感觉就像是罗马教皇走过阿维尼昂桥[①]。

从戒台寺出发，先是向下到达山谷的底部——4月时，桃花和杏花会次第开放，在黑色的土地上泼洒着白色和粉色，风景极为秀丽。然后，穿过一个长达500英尺布满了煤矿的山间峡谷，进入一片田野和果园，平稳前进后，可拐入潭柘寺所在的山谷。经过拐弯处没多久，就有一座叫作红门寺的小小寺庙出现在道路左边。在我们去潭柘寺的路上，曾经造访过此处，向这里的和尚讨了杯茶喝。我们发现，这座庙里的和尚不过是一个将其作为栖身之所的农民，任由佛像们自生自灭。他热情地欢迎了我们——和我们坐在烧过的热炕上闲谈，他的小儿子给我们煮茶。煮茶的过程非常有意思。炕前的地上一般有一个小洞，当你坐在炕沿上，它就在你脚边。火炉点燃的时候，蓝色的火苗会从这个孔里面冒出来，像幽灵一样摇曳着，仿佛是从罐子里出来的精灵。水放在圆柱形容器里，容器的尺寸与洞一致，容量大概有一及耳[②]，放在火里面只要几秒钟就煮开了。

"这庙很老了，"他说，"我也没有钱礼佛，我必须得忙地里的活儿。"

"那么这座庙也就不再开放了吗？"

"当然不，"他回答说，"我们这里还寄存着一些棺材呢。"

确实是，在寺庙一角的搁凳上，还放置着三四具长方形的棺材。要等到本地的风水先生确定了日子，才能下葬。

[①]阿维尼昂城位于南法普罗旺斯境内。阿维尼昂城是教皇之城，先后有7位教皇在此居住。——译者注
[②]英制1及耳≈0.1421升。——译者注

被忽视的佛像看起来情况不佳，身上积了数寸的灰尘，周围是装满粮食的大筐，所以我们在离开前买了一把香，让佛像们闻了闻肯定很久没有享用过的香火。

在这片山区的路上，常会遇到驮着香的毛驴，我一直不知道它们产自何处。这些棒状的佛香约50柱卷成一束，外包着黄纸，整齐地包扎成大捆，搭在毛驴身体的两侧。当驮着香的毛驴从身边经过时，只能看到侧面黄色大圆圈里面的无数的小圆圈，如果不知道它们背的是什么，这情景也挺让人费解的。

通往潭柘寺的路只在最后一英里有点特色。这是一段弯曲的堤道，一边可以俯瞰河水，一边是寺院花园的外墙，花园里毛茸茸的雪松和桧柏的枝叶一直伸到了墙外的道路上方。在河流的对岸有一座农庄，白色的院墙，一条向上的石子路通向一座树荫里的拱门，光着小腿的牧童赶一群群黑色或白色的山羊在山坡上吃草——这场景与意大利北部的风景惊人地相似，也激发了中国这边很多作家的灵感。当你来到庙门前，一切就都恢复成了常见的色调。这座庙建在一个河湾里，河流就成了它两边的护城河。跨河的桥梁两边有巨大的石狮子，桥的前方还有一座鲜艳的彩绘牌楼，远处寺庙外墙墙顶上的瓦片也给画面增加了一些色彩——它们是一种罕见的宝蓝色。当我们到达的时候，庙门前有一队队的滑竿，说明庙里还有其他的参观者。很快我们发现，这一天恰好是一年一度的庙会开始的日子。

这座寺庙是中国最古老的寺庙之一，可以追溯到四五世纪。不过它经历过至少一次更名，现存的建筑最早也只能追溯到18世纪早期。那一时期诞生了很多伟大的建筑，而潭柘寺是其中的一座精品，设计精巧，装饰繁丽。庙里大量使用了黄铜、大理石和漆艺配件，而这些工艺是中国建筑之美的重要组成部分，寺庙的屋顶、墙头、栏杆也体现了制瓦工艺中经典的五种色彩——黑色、橘色、松绿、宝蓝、油绿。[①]一座重檐的圆形大厅收纳着寺中的珍宝。其中，一个能拿来装王冠的华美箱子里，展示着精选出来的玉器、瓷器和贵金属制品，以及一件格格不入的耶稣会时代的古雅遗物。那是一对人物造型的烛签，上面的人物有着卷曲的胡子，身着17世纪的铠甲。欧洲样式曾于某段时间被引入中国的工艺作坊中。然而，潭柘寺最自豪的东西，不是工艺品，而是一件大自然的杰作——一株高达100英尺、树干粗壮的银杏树。它的古老和美丽，让很多人崇敬不已，人们甚至在它的树荫下建造了一座小型牌楼来赞扬它。佛蛇也是潭柘寺"一景"，这种蛇只有夏天可以看到，冬天就会失去踪影，无疑是躲到什么地方冬眠去了。另外一个值得一观的是上方院落里一组被套上当代服装的明代雕像。

以我在全世界旅行的经验来看，我们离开潭柘寺时所选择的道路是世界上最美的。沿着河岸，走上一座林木茂盛的美丽山坡，佛殿和寺庙点缀在你所意料不到之处，用它们

---

① 色彩缤纷的釉面砖瓦一直是中国建筑的典型特征之一，这些砖瓦制作于门头沟附近的一个家族工厂中，据说他们是制造技术的唯一拥有者。随着共和国的到来和皇家需求的消失，工厂的消亡已近在眼前，这对于美学爱好者来说是一个不可估量的损失。这个工厂能够幸存至今，主要是由于洛克菲勒基金会的慷慨资助，他们花大价钱，为北京协和医科大学大量建筑物的屋顶铺设了绿色瓦片。——原注

图136 潭柘寺。卡尔霍恩（Calhoun）夫人供图

的红墙和明黄、天蓝的瓦片给风景添上了一抹亮色。顺着这条路，可以一直走到潭柘寺和门头沟分界处的隘口。尽管距离谷底已经有1000英尺，路边还是有一片片田地，农民们牵着牛在田里耕作。他们在山坡上围起了打谷场，秋天的时候就可以在这里脱粒，减少运输的工作量。在远处的山坡上可以看到不太常见的情景，六头骆驼在煤矿的煤堆边卧成一排，等着往身上的口袋里装货。

越过隘口，我们仍能感受到潭柘寺的影响力，因为一路上都是源源不断地去寺里参加庙会的朝拜者。他们中的大部分都是骑着驴的年长妇人，由孩子或者孙子陪伴着。他们穿戴着崭新的蓝色大褂和头巾，头上簪着鲜花，很多孩子的手里还举着用来还愿的彩旗，这些让朝拜者的队伍显出一种欢乐的气氛。他们笑容满面地聊着天，愉快地从我们身边经过去参加他们的节庆活动，而我们则走下山谷，向只有煤矿和铁路、毫无浪漫气息的地方走去。

妙峰山与黑龙潭

妙峰山，正如其名暗示，庙在一座山的峰顶。它是我们造访过的所有寺庙中最深的一座。即使天气晴好的日子，从山边的平原出发，也要花上一整天才能到那儿。这是一座主要用于朝拜的寺庙，每年春天有数千名虔诚的佛教徒到此朝拜，其他时候，这里只有什么都不懂的种地和尚和庙里的几名苦力。

参观这座寺庙的最好时候是在玫瑰花季。你可以在任何寺庙里见到或多或少的朝圣者，但妙峰山的玫瑰却是独一无二的。有的玫瑰树在山坡上自由生长，有的被种在花盆里，到了收获玫瑰的季节，它们开的花就都会被摘下，由毛驴运往山下的北京城，用来熏制茶叶或者添加在酒里。一般在6月初，在雨季到来之前。

去妙峰山还有很多条路，我们选了从北京出发最直接的那一条。从三家店出发，穿过了浑河的一个河湾，然后直接向着山里走，越过数座山丘和河床就到了通往妙峰山的宽敞山谷里。山峰和山谷之间的道路本狭窄迂回，而后在某处豁然开朗。在沿着一条上山的路蜿蜿蜒蜒爬上一座相当陡峭的高坡之后，出现在我们面前的是一条大裂缝，在裂缝上横架着一座年代久远、外形秀丽的拱形结构。而除了观赏作用，这座精致的框架似乎没有什么实际作用。这样富有想象力的奇异事物在中国的景观里并不罕见，与它们的不期而遇更增添了游人在此的兴致。

那天天气晴好，我们沿着妙峰山峡谷一步步爬到了海拔至少3000英尺的地方。尽管当时接近夏至，等我们到达最后一段上山道路下方的村庄时，时间已经很晚了。最后这一段是要爬上一座石头陡崖，寺庙就修建在陡崖上面。四周的山峰都是黑色的秃山，而这座寺庙实至名归，高耸嶙峋的墙壁紧抓着脚下的岩石，就像是那种顽强的古松树一样抗击着风雨。但是，我们已经没有时间来欣赏这一幕了，赶快催着胯下的毛驴走上这条曲折的上山之路。在爬完了这最后一段台阶，海拔又上升了数百英尺之后，我们终于到达了寺庙的入口处。

人们要绕着陡崖走上半圈，才能到达上通庭院的步道，从后方进入寺庙。接着，又来到了一条高悬于来路的廊子上。廊子上风景秀丽，可以俯瞰我们刚才上山时走过的峡谷。有几个狭长的房间面朝廊子，只能放下一张行军床，聪明的客人会选择在这里过夜。天亮之前醒来，站在这个鹰巢般的奇异地方凭栏远眺：下方是幽灵般的晨雾，山峰的顶端飘浮其上，此时第一缕晨光破空而来，如此经历值得回味一生。

在我们到访期间，寺庙后方的庭院堆满了齐膝高的玫瑰花瓣。它们暂时储存在这里，待干燥后运往平原地带，于是庙里充满了玫瑰的香气。第二天，我们去参观了它们生长的山坡。越过寺庙所在的陡崖，山势继续升高，一直到一个平平的山顶。玫瑰花生长在接近山顶的坡地上，一条羊肠小道在花间穿过。

因为玫瑰的小小红色花朵，整个山坡似乎都在燃烧，到处都是忙着采摘花朵的农民，

图137 妙峰山

他们将自己的战利品放在一种很大的筐里。沿着玫瑰花间山羊踩出来的小路，我们经过了内有一口井的山洞，当道路转过一个弯，浑河河谷的美景一下子扑到了眼前。在遥远的山下，是整饬的农田、果园和缩微的农舍，就像是挪亚方舟上的玩具。在6月炎热的早晨，除了昆虫的嗡鸣，只有偶尔从山下传来的公鸡的啼叫，才能打破这里的宁静。这样一个远离山谷中的尘世生活，如奥林匹斯山一般的世界之巅，当然是一个坐享宁静的好地方。小小的橙色蝴蝶在四周飞舞，一群野鸽子在山坡下方一块突出地面的巨大山石上空盘旋，它们绕着它转着圈，在它的缝隙里飞进飞出。突然从另外一块岩石后面传来一声枪响，让我们一下子想起了数周之前占领该寺、据此反抗官兵围剿的土匪。但是枪响之后，并没有什么事情发生，只有一个农家小子拎着还在冒烟的吉赛尔步枪走了出来。枪是他放的，他本想猎杀两只灰色的鹧鸪，但是没有成功。我们看到那两只鸟掠下山坡，重新停住。而接下来的一个小时里，这位猎手一直在跟踪它们，从一块石头后面，到另外一块后面，但没有一次能进入射程。

在返回寺庙的路上，我们在那口井附近停了下来。现在井口四周围着数百只山羊，它们被从山间赶到这里，饮中午这一次的水。漫山遍野都是这种灰色长毛山羊——它们是全世界最好看的山羊之一。不同牧群的山羊按顺序饮水，同时，牧羊人要将它们严格地限制在自己那片山坡上，如果有的羊走错了，他们就一边大声咒骂，一边扔石头将它们赶回来。那些年长的山羊耐心地等待着，在草地上伸展四肢，表现得相当顺从。但它们的幼崽没有一刻能停下来，它们发疯地玩儿着"抢占山头"的游戏，在石头间跳来跳去，将对方挤下陡峭的山石——那些地方看起来一定会摔断它们的小细腿。

在井口处蹲着几个人，其中有三四个牧羊人，还有刚才那个带着吉赛尔步枪的猎手，看起来他的情绪并没有因为上午的无功而返而受到影响。我们和他们待了一会儿，正当我们仔细查看这种古老的燧发枪的枪管和钩形枪托时，庙里的一个苦力给他们送来了午饭。他用扁担挑着两个托盘，每个托盘上有一桶蒸熟的高粱米和几个装满了干菜丝的小盘子，普通的中国人将这种干菜丝当作调味品。牧羊人中年纪较大的那个，像管家一样从井里面舀水浇到高粱饭上，直到它们的浓稠度看起来像汤一样。每个人发一个碗，然后从苦力那里拿一双筷子，等着吃饭。即使山羊的食物——那些灌木的树叶和干草，也比它们的主人所吃的这微温泛黄的稀粥看起来要好吃一些，但是看到这些牧羊人非常享受地将它们一口口吃了下去，我们感到他们显然不需要我们的同情。

从上文提到过的走廊上的观景点，有两条通往北京的路：一条是我们来的时候走的那条沿着河谷直接返回的，另外一条是从陡崖底下分开，爬上旁边的一条山谷，向北到达一个位于平原边上的一个长城的隘口。回程时我们选择了第二条路，一条宽阔的铺好的马路。路上交通繁忙，可以看到很多骡子和毛驴。走过一段长长的上坡路，我们就到达了隘口的最高处，这里的标志是一个脏兮兮的旅馆，它的院子臭气熏天，无端占用了路面好大的地方。这座院子的后墙很矮，越过这道墙可以直接看到下方的平原。此处的山丘几乎从山顶直接下降到了平原的高度，落差有3000英尺。这种高差直接凝视的话让人胆寒，但是下山的道路修建得很好，沿着之字形的路线走下悬崖，路面的坡度对于驮畜来说也不是很陡。快到崖底的时候，路边开始出现种着杏树的果园。这里的杏子汁多味美，完全不像那些在中国北方地区常见的纤维太多、淡而无味的品种。在果园中间，有一座秀丽的寺庙，叫作"金仙寺"。庙中绿树浓荫，泉水盈池，在艰苦的下山之旅后，这儿是一个很让人欣喜的休憩之所。在炙热的天气里，当一个人的内心在呼唤着饮料时，庙里这种大煞风景的行为就很容易被理解——寺庙变成了一个矿泉水加工厂，那些冒着气泡的泉水被装瓶压塞，然后带往北京。

到达平原之后，道路就开始分岔。穿过田野，绕过几个小村，就来到黑龙潭寺。这个名字让人联想到一个黑色邪恶生物，细长的身体里潜藏着可怕的怪兽，时刻准备着吃人。而现实则完全不同。在寺庙的内院，有一个由三面棚架，一面长满蕨类植物的石头围起来的龙的家园——那是个波光粼粼的蓝水池，宽约三十英尺，深三到四英尺。棚架上爬满紫藤，遗憾的是花期已过，我们没能看到它那众多的紫色花穗在池边织成一道花幕的情境，这场景每年早春都会吸引众多信众。院子里人不多，只有将这座寺庙作为办公地点的一位中国将军的随从，我们花了一点钱请他们离开了，从而得以自由自在地在清澈的泉水中沐浴，并在池边一棵大树的树荫下品了茶。我们后来才得知，黑龙潭其实已在将军的命令下闭门谢客，幸而我们在附近的另外一座寺庙找到了住处。比起"金仙寺"，这座庙对神仙更加不敬——它被改造成了一家啤酒厂。

从黑龙潭出发，在丘陵地带走上三个小时，就可以到达颐和园，并通过干道回北京。

寺庙法会

寺庙中每天的例行法事一般在中心大殿的佛像前举办。稍大一点的寺庙都会有一座这样的大殿，一般建在一个高出地面三英尺的石头砌筑而成的平台上。当寺里的铜锣和大钟敲响，就到了举行仪式的时间，僧侣们聚集于此，穿着袈裟。他们在举行仪式时穿的正式衣服是一件宽大的橘红色僧衣，罩在日常穿的灰色罩衫外面，穿着方式有点像古罗马托加长袍搭在左肩上，再用一个巨大的纽扣或者是一个直径约三英寸的圆环固定在胸前。当所有的和尚整理好着装集中在一起后，排队进入大殿。此时，大殿沉重的门帘被一双长绳像系帐篷门那样拉起来，方便自由出入。

一个人仅仅是因为好奇心，就闯进别人礼佛的场合，自然会有点犹豫，但是僧侣们从来不介意陌生人在仪式上出现（只要相对于这个场合，这个人的行为合乎规矩即可）。所以，我们可以安心地跟随他们进入大殿，站在不碍事的角落。

我们在外面的时候，被照在庭院石头上的阳光晃得头昏眼花，刚一进入光线暗淡的大殿里，几乎什么都看不见，只能稍微辨别出影影绰绰的一排人站在位于佛像脚下的供桌前面。不一会儿，一位僧人用高亢的颤音开始吟诵，之后其他僧人和谐地加入进去。开始的几段曲调多变、音律优美，颇有格里高利圣咏的风味。但可叹的是，没多一会儿，几个极为不和谐的声音就从其他的声音里分裂出来，对于外国人的耳朵来说，这是一种痛苦的折磨。这种吟诵纯粹就是在机械地朗读佛经（顺便说一下，中国人将礼佛仪式称为"念经"，意思是"朗诵经文"），对于中国的普通僧侣来说，他们和我们一样听不懂多少。

几分钟后，礼佛的人们动了起来，排着队在供桌前来来回回不停地走动。他们按照一位僧侣奏出的奇特音律行走。那僧人站在供桌前，敲击着一个雕刻成螃蟹状的中空的木块，可以发出一种奇特的共振的声音，与之相和的，还有队列中的三四个僧人，他们手里拿着一个由长棍所支的黄铜杯子，形似灭烛器，以小棍敲击。队伍会不时停下，和尚们在佛像前站成一排，向佛祖鞠躬，而这时候诵经声会低沉下来，如耳语一般，音乐也会停止；当队伍重新行进，诵经声就会恢复到原来的音量。大约过了二十多分钟，"经"突然就结束了，僧侣们也列队走出佛殿，散开来回到各自的住处去。

这就是每天举行四五次的例行法会。庙里经常还会组织各有特色的特别法会，比如潭柘寺著名的燃起火把庆祝新年的活动，八大处在干旱时抬着雨神穿过田地的祈雨法会，等等。另外一种法会则是一种纪念活动，在一些赞助了寺庙的"协会"到访时举办。

有一次我去戒台寺，恰好遇到了一群在庙中小住的一个"会"的会众。他们大约有五十人，男人、女人和孩子都有。他们到来的第一天晚上九点，在僧侣们用餐的大厅，举行了一个盛大的法会。这是个不算高的长方形房间，仅以烛火照亮，两端各设置了一张供桌，上面摆着神牌，神牌周围是一盘盘粥（Chow）。屋子的中间摆着一张台子，上面有一桌一椅，两边摆着长椅。我们进屋的时候，看见五个和尚站在桌子周围，其中一位年事较高，在接下来的过程中起着引领作用，还有一个不超过十二岁的小僧人。老和尚手里拿着一个长长的木制管子，管子中插着一束点燃的香，其他人手中拿着不同种类的乐器——一个悬在框架里的锣，一对铜钹，一个铜杯（上文提到过的）和一个木鱼，还有一个男孩儿在屋子的一角架起大鼓和铜钟，共同组成了一支交响乐队。

他们吟诵着经文绕供桌一周后，返回了台上，为首的和尚坐在了桌边的椅子上，其他四人则爬上了两边的长椅。在四个人继续诵经的时候，这位老和尚开始做一系列神秘的动作——他将手在桌上的一对空碗里蘸了蘸，假装从指尖甩下水滴，似乎有什么寓意。然后，他拿起来一个以红色和黄色布料做成的、三叶草形的奇特物件，展开后成了垂着飘带的花冠，上面满是汉字。他把这个戴在了自己的光头上，用细绳系紧，这装扮让他看起来像在圣诞节晚会上，头戴小丑帽子逗孩子们开心的城市银行家。我们几乎都以为，他也意识到了自己现在的形象多么滑稽，并且有点害羞，因为接下来他用他宽大的袍袖将头包起来，还将头低到了桌子上。之后，他就很少有动作了，只起身一两次，去敲立在他身边地上的钟。

在仪式举行过程中，屋子里挤满了"会众"，其中还有很多小孩儿。那些大人表现得毫无兴趣，虽不能说是轻蔑，但他们旁若无人地聊天、大笑、抽烟。而人群中的小孩子们则是另一个极端，他们兴致盎然。其中一个令人无法忍受的孩子来的时候带了一个手电筒，在仪式期间，他不停地摆弄着它，用手电筒的光束照僧人的眼睛，他甚至用他父亲的曲柄手杖钩其中一组和尚身下的长椅，试图干扰他们。他的父母并没有阻止这一恶行，受害者无疑也沉浸在自己的仪式中，完全感受不到周围发生的事情，对这个孩子的行为完全无动于衷。只有他们中年纪最小的那个，那个十二岁的小和尚，偶尔向这个捣蛋鬼投去愤怒的眼神。

我们在这种奇特的环境中待了一个小时，然后就回到了我们安置在戒台的行军床上。但是"诵经"活动一直持续到了午夜，噪声越来越大，最后的壮观场面是一场手持火把的游行。游行队伍大约在凌晨一点经过了我们的床前，此时寺庙里正钟声大作，鼓声喧天。

之后周围就恢复了平静，只有寺庙里夜晚常有的声响——定时响起的辽远的锣响，以及庙里豢养的狗突然打起架来的声音，还有鹅不时的鸣叫声。从我第一次到这座寺庙，这些鹅就生活在戒台墙边的一个小围栏里。

图138 寺庙乐队。北京的哈同先生拍摄

结 语

除了拥有众多寺庙的西藏地区,世界上没有哪个地方会像中国的这个角落一样,如此密集地修建庙宇。仅仅是西山一处的寺庙,就几乎数不胜数。我在前文中提到的那些不过是其中最有名、距离北京城较近的几座。如果篇幅允许,我还想写一写大觉寺[①];写一写有强盗城寨的石经山;写隐于深山里的修道院,那里的中国特拉普派修士会在宗教仪式中用拉丁语吟诵经文,让外国旅行者大吃一惊;山上还有众多的路边小庙,里面经常只有一个独居的僧人。庙里环境艰苦——院子里荒草丛生,庙钟生锈剥蚀,佛像暗淡无光——但是他们生活得简朴而愉悦。愉悦又热情是这些乡村僧侣的特色,只要进入寺院,他们一定会招待你一碗茶,和你聊上一会儿天。在炽热的天气,经过山间长途跋涉之后,这世上几乎没有什么事能与这相比了:坐在寺庙庭院的松荫下,欣赏着明艳的夹竹桃和芍药花,看线香的蓝烟从香炉上袅袅消散,只留鼻尖的一缕香气,品着茉莉花茶,与和善的老和尚交谈。他平和的生命哲学隐隐约约地反映在他指间那不停捻动的木质佛珠中。

这些寺庙很多都有数百年历史,其中一些已经存在了上千年。我们不禁会想,在当今中国佛教式微的情况下,他们还能存续多久呢?最早促成建设它们的力量早已经耗尽,而让这些寺庙得以延续的迷信的力量,伴随着"现代精神"的兴起,也在缓慢而持续地消散。

两年前,八大处的一座寺庙被改造成了一座综合性场所,并令人难以置信地被冠上"皇家大陆宾馆"(Royal Continental Hotel)的名号。这种时代变化的标志让人感到悲伤——在接下来的数年里,很多经济不景气的寺庙不得不将先辈留下的产业变卖,否则就只能任其衰败下去了。

---

①大觉寺或许是最重要的一处遗漏,想了解全貌的读者或许可参考裴丽珠《北京》一书的第338页至341页。——原注

从北京到各寺庙的路线

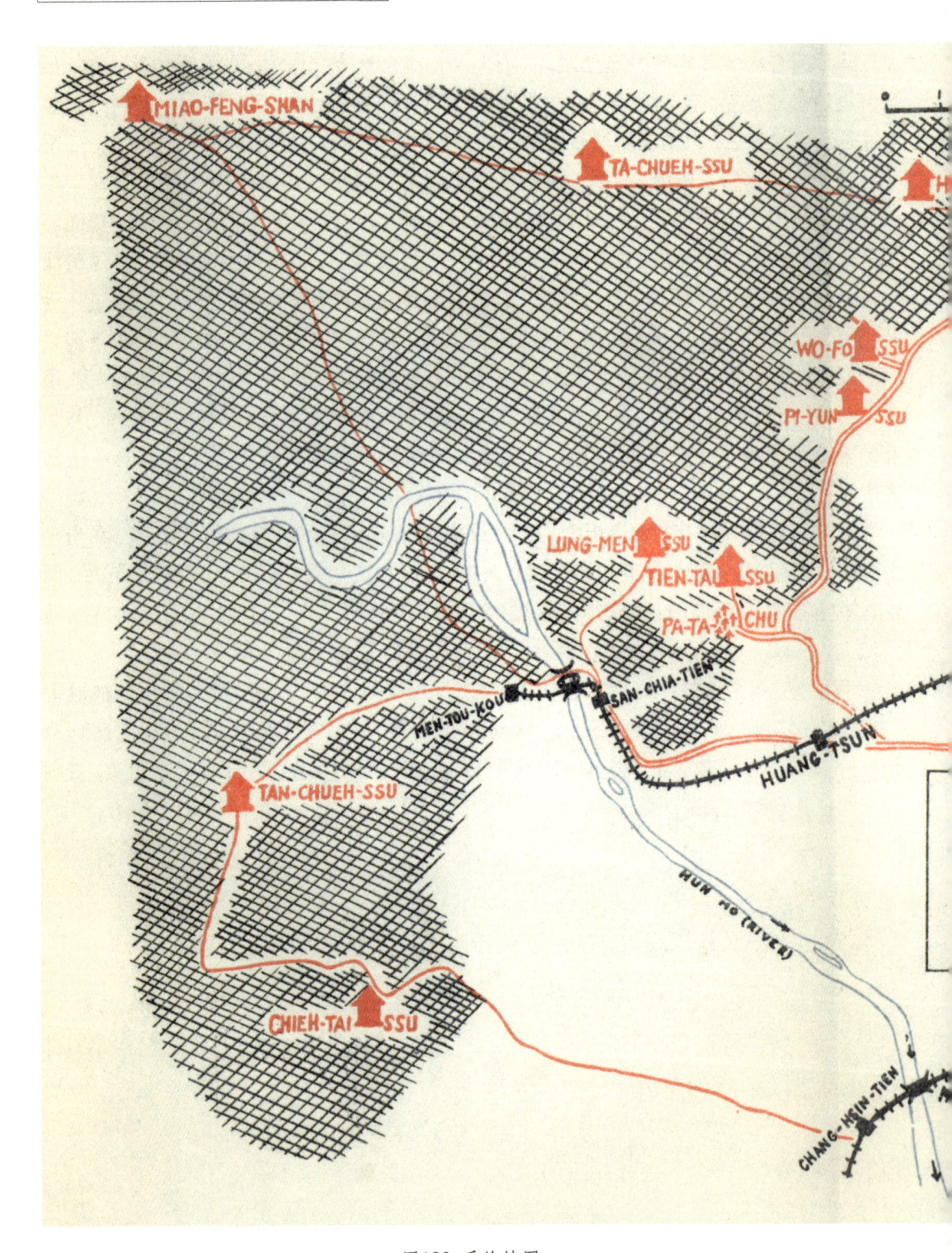

图139 手绘地图

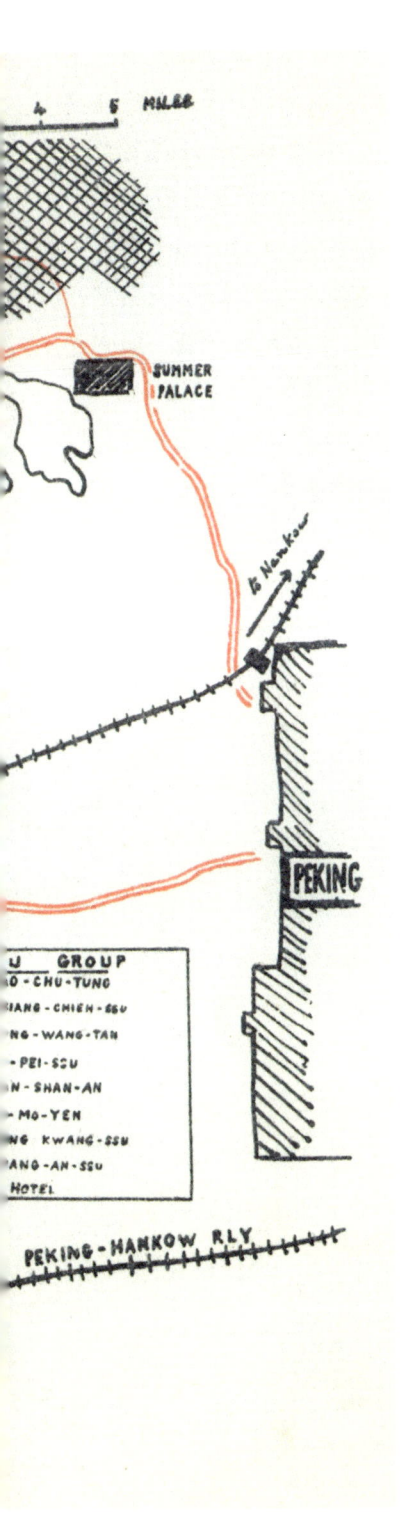

1. 北京出发，一日可达：八大处、碧云寺、卧佛寺、天台山、龙门寺。

如图所示，八大处、碧云寺、卧佛寺都位于机动车车道的旁边。这条车道从北京直达西山，回程途经颐和园，往返约30英里。从北京出发，按照价目表租上一辆汽车，可于一天内完成以上每一处的参观。其中只有去八大处有另外一种交通方式，尽管不是很方便——去北京西北角的西直门买一张始发自西直门、去往西黄村车站的往返票，经门头沟铁路可抵西黄村。西黄村站很容易租到毛驴，从这里到八大处山脚下机动车道的尽头只有1英里多一点，山脚下有两家小旅店。从这个地方，有道路分别通往各个寺庙（见内页插图）。在道路的尽头，一般都会有毛驴和滑竿在等客。

汽车可以一直开到碧云寺和卧佛寺大门前。

从八大处峰顶，再走一个半小时才能到达天台山。牵驴的男孩儿们都知道路线。

从三家店出发走三刻钟可达龙门寺。去三家店可以乘坐汽车，也可以乘坐门头沟线到三家店站下车。

2. 从北京出发，超过一天行程的寺庙：

a. 戒台寺和潭柘寺（行程需2—3天）：

乘坐京汉铁路上的早班火车到达长辛店（35分钟），然后租一头驴或者一架滑竿前往戒台寺。路上需要三个小时，而且最后有一段陡崖。夜宿戒台寺。如果时间充裕，你可以花上一整天的时间在周边参观石窟、寺庙西北边悬崖上的造像，以及下方山谷中僧侣们的墓地和恭亲王家族墓地。第二天一早，再出发去潭柘寺（3小时）。

参观潭柘寺，并在庙里住宿。第二天，骑着驴越过去门头沟的隘口（海拔约3000英尺），刚好可以赶上回北京的火车。从潭柘寺一路往上去往隘口的路上，风景很美。

去戒台寺也可以从门头沟出发，全程大约需要4小时，但这条路没有什么吸引力。

b.妙峰山,回程经过大觉寺和黑龙潭寺（行程需2—3天）：

乘火车或汽车去往三家店，或者乘坐火车到门头沟。租一头毛驴（在门头沟很容易租到毛驴，但在三家店最好是提前预约，没有那么方便。如果需要租用滑竿，那么非常建议派人提前过去安排好），前往妙峰山（5小时）。再乘坐渡船渡过浑河，征服一段名为十八盘的低矮但陡峭的小路后，就进入了一条浑河支流所在的峡谷。顺着峡谷往上可以走到一个很大的名叫涧沟的村庄，就在妙峰山脚下。从村里租用滑竿，将你抬到比此地高1000英尺的庙里去。

晚上就住在庙里，如果时间充裕，可花上一天在周围的山里转一转。第二天经过萝芭地隘口到大觉寺（3小时）。参观寺庙，并在庙里过夜。第二天一早骑着驴去黑龙潭寺，然后穿过田野，往颐和园的方向走。如果你没有提前安排好接你的汽车，那么只能指望找到一辆黄包车拉你回城了——要跑2个小时。

从妙峰山到黑龙潭还可以选择另外一条路。这条路要经过更北边的一个隘口，而且可以经过我在前文介绍过的金仙寺。这条路上的风景比起经过萝芭地的那条路稍有不如，而且没法到大觉寺，但是从这条路下山，道路没有那么陡峭。

文中提到的这些寺庙，可以给游客提供客房、桌凳厨房，厨房里有燃料、茶，乃至鸡和蛋。但是其他东西，包括面包、床和被褥，都要自己带去。在离开的时候，给负责接待的僧人一两英镑以肯定他们的接待工作，如果庙里的苦力给你提供了任何帮助，也请给他们一点赏钱。

第三章 中国名胜·西山

前言[1]

妙峰山在京师之西偏北，西山之支峰也。其境之幽胜，远非八大处可比，春秋景物皆佳。春日桃杏开时，则遍山弥望皆桃花杏花。海棠开时，遍山皆海棠。玫瑰开时，则遍山皆玫瑰，香闻数十里，秋日则遍山皆红叶。然此山距京师百余里，游者罕至，故其名亦不见于志乘。余以四月往游，正值杏花盛开，流连数日而返，得摄影数十纸，急付珂罗版，以公于世。闻西大梁及滴水岩，较妙峰尤为奇特，惜同游者多不愿往，将俟异日补足之。

1919年5月蒋维乔[2]于京师之宜园

旅行须知

游妙峰山者，往返须二日。第一日自京师出西直门乘人力车行十五里，至海甸，至此骑驴，五里颐和园宫门，又四里青龙桥，又十二里洪山口，又八里黑龙潭，又六里温泉，又四里周家巷，又四里大觉寺，可以住宿，或至金仙寺住宿亦可。第一日乘轿，自大觉寺登阳台山，八里至金仙寺，又八里瓜打石，又八里庙儿洼，皆陡峻之石级，自顶下山八里至涨淘路皆平坦，再升妙峰山，又为峻级。

二里至松岭，八里至山顶，有灵感宫可宿。

如宿灵感宫，则第一日可游西大梁及滴水岩，自妙峰山行四里即西大梁，又二十里滴水岩。游毕，可由二家店乘京绥支路火车回京。如不游西大梁滴水岩者，则第二日可仍回大觉寺，第二日或遵原路回京，或乘二家店火车回京均可。第一日早晨动身，必午后二时方至大觉寺。故除自带被褥及应用之物外，又宜备干粮小菜，以便半路中至黑龙潭休息时，可当午餐。若既至寺中，则可由寺备膳。乘人力车至海甸，约四五百文。骑驴一日约五六百文。轿可托寺中代雇，每一乘用轿夫四名，每名每日约五百文外酌加酒钱。寺中住宿人数越多越合算，大约每人膳宿费，每日一元。若人数少者，每人须出一元五角至二元。妙峰山高度在二千尺以上，如预备宿妙峰山者，应多带衣服。

京绥支路火车，西直门至二家店，每日三次。上午七点二十分早车，十一点二十分中车，下午五点晚车。二家店至西直门，亦每日三次。上午九点二十分早车，下午二点零五分中车，七点晚车。

---
[1] 本节文字除少数改动便于阅读外，其余均照原书录入。——编者注
[2] 蒋维乔（1873—1958），字竹庄，江苏武进（今常州）人，中国近代著名的教育家、哲学家，曾任中华民国临时政府教育部秘书长。——译者注

附图

图140 黑龙潭前面全景。黑龙潭在京西三十多里处,源出画眉山,有龙王庙,为过去祈雨处。凡自西直门、海淀赴妙峰山者,必由此

图141 黑龙潭闸口。潭在龙王庙内,水自山来。至庙后积水而为潭,不溢不涸,相传有龙潜其中

图142 秀峰寺全景。秀峰寺在阳台山山脚下,距北京六十余里,明朝太监高让与沙门智深共同建造。跨过阳台山,妙峰即在望

图143 东大头杏花林。东大头在阳台山间,杏林最密

图144 大觉寺东杏花林。大觉寺在阳台山山脚,寺东杏林干硕花茂,最宜赏玩

图145 大觉寺山门。寺在京西偏北五十五里,辽时所建,原名清水院,明宣德时易今名,凡游妙峰山者多宿于此。寺规模宏大,山门前古树森列,郁郁葱葱,阳台山胜处也

图146 大觉寺内御碑亭。寺内有左右御碑亭,竖明清两代御碑

图147 大觉寺内玉兰花。大觉寺内四宜堂前,有玉兰两株,高可四五丈,时正盛开,他处所罕见也

图148 憩云轩。憩云轩在大觉寺四宜堂后,小屋三楹,天然山石以为阶级,古树周遭,境极幽胜

图149 清水院。山半有泉,下注如垂绅,至大觉寺后聚水为龙潭,清水院所以名也。潭后有阁,前有白塔,古柏苍松,干霄蔽日,在此坐石听泉最宜

图150 龙潭泉眼。龙潭在大觉寺内,以石栏围之,作长方形。其泉眼有三,在潭之中央。凭栏而立的是彦明允

图151 岭要亭。山脚有六角亭,名曰岭要,在龙潭之右,憩云轩之后,自此可以登山

图152 塔院。塔院在大觉寺旁,中有僧塔,周以墙垣,林木茂密

图153 老龙脉。绕大觉寺西北,至后沟,山头怪石突兀,下有石桥,俗名老龙脉

图154 南龙脉。老龙脉对面山头，俗称南龙脉

图155 大工全景。大工在大觉寺西八里，本玄同寺遗址。明朝太监刘瑾在此建坟墓，大兴工程，未毕而败，故土人称为大工，今尚有七级宝塔

图156 小工全景。在大觉寺与大工之间,道旁尚有一塔,亦七级,俗呼小工

图157 金仙寺远望。自大觉寺登阳台山,行八里至金仙寺,殿宇甚新,有精室数楹,可以住宿。寺前有泉甚清冽,有粤人设金山汽水公司于此,利用此泉以为水源也

图158 金仙寺内银杏树。金仙寺殿前有古银杏一株，高十余丈，丛干挺立，大可数围[①]，几百年前物也

图159 朝阳院内古松。金仙寺北有朝阳院，院内有古松，夭矫侧出如龙，殿前凿石作圆寿字形，引泉注之，以为流觞曲水

①两只胳膊合拢起来的长度为一围。——译者注

图160 朝阳院后宝塔。塔高十余丈，明万历年建

图161 仙台瓜打石。自金仙寺复登山，行八里，山石怪异，有一茶棚，棚前镌"仙台瓜打石"五字，不知何所取义。每年夏历四月初一日至十五日朝会时，赴妙峰山进香者，在此饮茶休息

图162 妙峰山松林。自阳台顶下山,八里至渐沟,再升妙峰山,二里至松岭,其地松林甚密,风过作涛声

图163 妙峰山绝顶。妙峰山高与阳台山相若,以高度计测之,得华度二千七百尺,若加以京师出海平均数,则在三千尺以上矣。顶有庙,名灵感宫

图164 灵感宫。宫在妙峰山,祀天仙圣母碧霞元君,俗称娘娘庙。每岁夏历四月进香者,陆续不绝。碧霞元君庙,北方各山,到处有之,香火之盛,几与关帝庙相等

图165 法雨寺。法雨寺在灵感宫下,内供观世音菩萨

图166 东岳庙。灵感宫对面有东岳庙,古柏交加,山石奇秀,妙峰山胜处也

第四章 香山风景

附图①

图167 香山洪光寺故址。为潘馨航②所租

图168 香山重阳亭。为本园最高峰顶

---

① 本节文字除少数改动便于阅读外，其余均照原书录入。——编者注
② 即潘馥（1883—1936），中华民国时期北洋军阀政府最后一任国务总理。——译者注

图169 香山寺观音阁故址

图170 香山重翠庵故址

图171 香山静室故址

图172 香山西山晴雪碑。为清代皇帝所书

图173 香山森玉笏

图174 香山太和宫以东平原

图175 香山交通部新设的电话局

图176 香山罗汉景。在玉乳泉下

图177 香山玉乳泉。松林蔽日,泉水极清,为本园公共游览地

图178 香山绿云舫故址。现定建筑图书馆

图179 香山十八盘路

图180 香山半山亭。亭在万松深处

图181 香山慈幼院男校宿舍

图182 香山慈幼院男校礼堂讲堂

图183 香山静宜女子学校。为马相伯、英敛之所创办,专教育本地平民女子

图184 香山韵琴斋南面风景

图185 香山韵琴斋。为喀喇沁福晋之避暑别墅

图186 香山见心斋。乾隆皇帝曾在此读书和赐宴群臣。庚申时未经兵燹，内有池沼亭台，均极幽胜，现为女界红十字会租设养病室

图187 香山北京女界红十字会新建香山医院。即昭庙故址

图188 香山昭庙琉璃牌坊。堂皇华丽

图189 香山芙蓉坪。内有泉源,现为周作民所租,拟建避暑别墅

图190 香山玉华山庄。古玉华岫玉华寺故址,内有泉源及千年古树,并有印度婆娑树一株,现为上海刘柏生租建避暑别墅

图191 香山梯云山馆。过去属于皇家宫苑,未经兵燹。1913年,南通张季直捐资修葺,盐务署顾问丁恩极爱此处,租住数年之久

图192 香山栖月崖。现为曾仙舟租建别墅

图193 香山森玉笏。巨崖壁立,上有一亭,俯瞰北京,夏极凉爽。秋后红叶满山,风景奇秀,为本园公共游览地

图194 香山闻风亭。亭在山中间,左右前后风景俱佳,月下尤妙

图195 香山雨香馆。现为冯用威租建别墅

图196 香山无量殿故址。内有避暑租屋六所

图197 香山唳霜皋。白皮松最多,可以远眺,为本园公共游览地

图198 香山寺北面。现改建甘露旅馆。屋宇精洁,浴室、球房、餐室均极完备,内有特别院落三所,租人避暑

图199 香山来青轩故址。今仍旧称,内有避暑屋七所

图200 香山寺无量殿、半月亭、来青轩等处故址

图201 香山古驯鹿坡遗址。现改为花园，山上有亭，名曰看云起，仍旧称也。此亭对内对外风景绝佳，为本园第一胜

图202 香山双清别墅。即松坞山庄故址，内有泉源，金章宗赐名梦感泉。乾隆皇帝以"双清"二字题壁，山南围墙外永安帝陵寝

图203 香山寺下知乐濠

图204 香山寺下买卖街故址

图205 香山慈幼院女校内之流觞曲水

图206 香山慈幼院女校大门内两亭

图207 香山慈幼院女校客厅及办事室

图208 香山慈幼院女校。中宫故址,清代皇室之寝宫也,现有女生四百余人

图209 香山璎珞崖（璎珞岩）。崖上有瀑布，崖下有方池

图210 香山本园南路石桥。桥东南即带水屏山故址

图211 香山本园太和宫故址。现定建筑为静宜园董事会与慈幼院董事会两事务所,并设两院理化教室博物陈列所

图212 香山本园宫门内勤政殿故址之南面。由此而至中宫,即现在慈幼院女校

图213 香山静宜园。清代皇室避暑行宫,此系宫门口,外有铜狮一对,制极精美

后记

  香山位于西山东麓,颐和园西面,八大处公园北面,距离北京城约20千米,占地约180余公顷。主峰香炉峰(俗称鬼见愁),海拔575米,云雾缭绕,形似香炉,因此得名。金代时始建寺院,后世不断扩建,亭台楼阁就好像星辰一般散布在山林之间,蔚为可观。第二次鸦片战争和庚子事变期间,两度遭到毁坏。香山红叶驰名中外,是北京最浓郁的秋景。这本相册由香山慈幼院于1922年发行,收录47张香山风景照,记录了香山当时的情状,极具历史和收藏价值。

编者

第五章 房山风景

图214 周口店车站

图215 周口店福胜煤窑

图216 周口店石灰窑

图217 周口店十亩坪永寿寺

图218 上方山孤山口村落

图219 上方山圣水峪

图220 上方山山口石壁

图221 上方山云梯庵石磴

图222 云梯庵外望山景

图223 上方山兜率寺山门

图224 上方山兜率寺

图225 上方山红桥庵

图226 上方山云水洞

图227 云居寺下庄村落

图228 云居寺全景

图229 云居寺石桥

图230 云居寺塔院

图231 云居寺琬公纪念塔

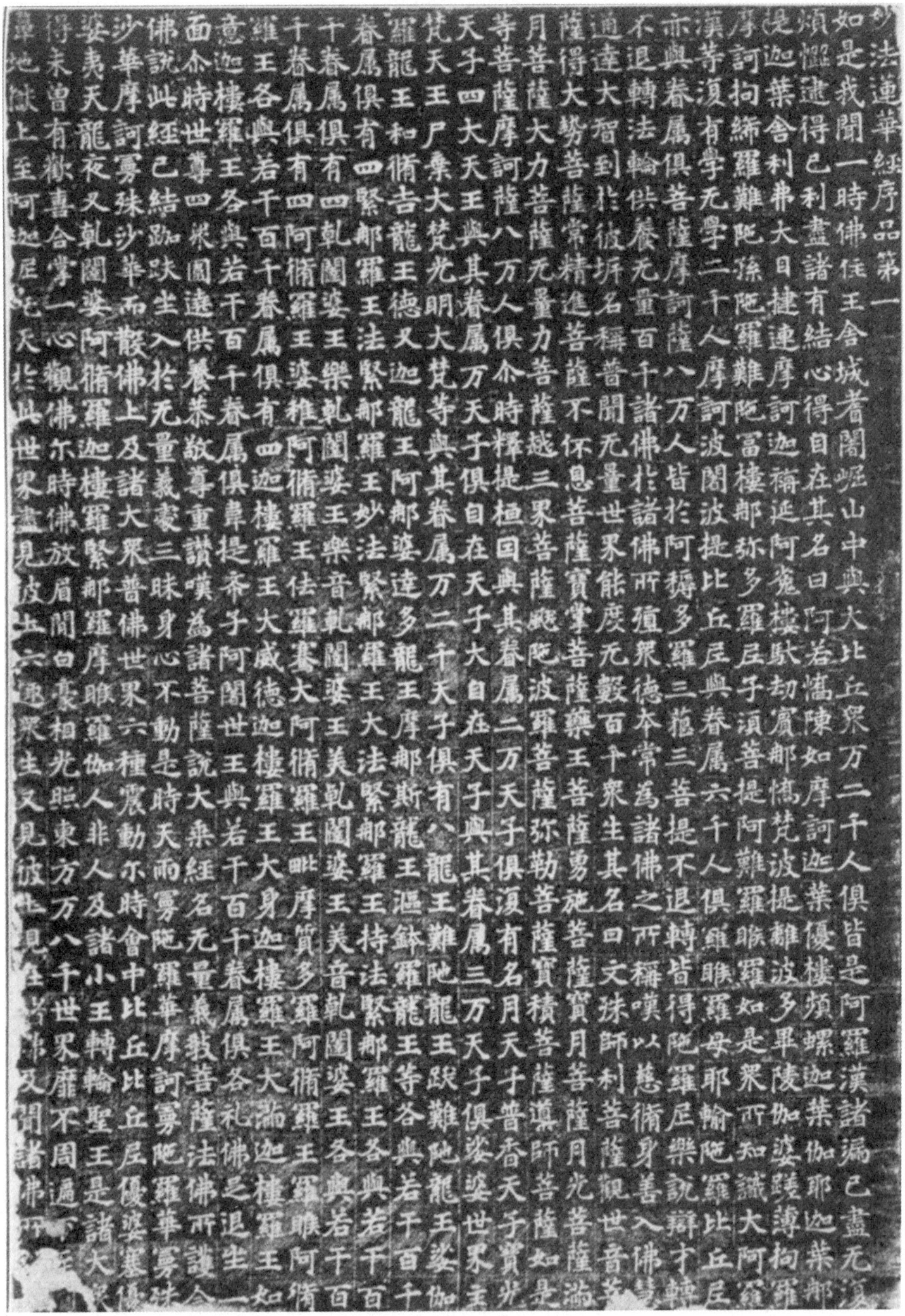

图232 小西天石洞经版

图233 云居寺正殿前牌坊

图234 云居寺接待室院门

图235 云居寺接待室

图236 云居寺内古鼎唐松

图237 云居寺内御碑亭

图238 御碑亭内御碑一

图239 御碑亭内御碑二

图240 云居寺藏经塔

图241 云居寺石塔

图242 万佛堂

图243 万佛堂

图244 万佛堂佛塔

图245 万佛堂龙泉

图246 万佛堂龙泉村落

图247 麦家河

图248 麦家河沿岸村落

图249 高线铁路卸载楼

图250 高线铁路万佛堂械器锅炉房

图251 高线铁路铁架

第六章 上方山

图252 上方山远望
上方山气势雄厚,幽奥奇峻,远望层峦叠翠,松柏密茂,其圆顶近峰为摘星坨,上方峰隐于其后,远不可见

图253 接待庵全景
上山道路崎岖,疲人足力,山麓有一庵,为果腹休足之地,兼为歇宿之所,名为接待庵

图254 雷劈石
山途中，岩石中裂，由上至下，痕迹显然，故有此名

图255 云梯
绝壁当前，入山无路，凿石为梯，高入云表，右临深壑，左濒峭岩，凡二百余级，左右置两铁絙，手足分任其力，由涧底仰望云梯庵，有空中仙阁之概

第六章 上方山 | 155

图256 兜率寺远望
寺为全山主寺，方丈设此，殿宇雄壮，两庑修整，后殿轩敞洁净，为游人停驻之所

图257 兜率寺大殿
殿屋高耸，佛像庄严，高山之上，集材匪易，有此庙貌，增益山色不少

图258 龙虎峪
气势雄壮，松柏丛茂，房屋整洁，为招待游侣最佳之地

图259 一斗泉
泉仅一勺，终古不涸，神话相传，为东汉华严慧晟禅师开山胜迹

图260 听梵桥
㵎下,树木森密,意境清幽,渡涧石桥,可以休止,查礼游听各院梵声,有出尘之想,遂名为听梵桥

图261 柏树王
古柏雄奇,高达百尺有余,周围十一尺,为全山最高大之树,因以得名

图262 十方院
房屋宽敞,院内牡丹,高与人齐,稍加修葺,便为栖止佳境

图263 华严楼
华严洞为有名胜迹,就洞口修筑一室,上下相隔,为前人住静之所

图264 大悲庵画壁
殿壁画帝释天,古朴有致,当为明代画,游人题字,有康熙年月

图265 云水洞门
洞门建屋一楹，中供佛像，转入像后，便可入洞，洞旁有康熙庚辰显亲王撰《云水洞大悲殿碑》

图266 云水洞口
洞口南向，高约一丈，由屋顶透入光线，愈进愈暗，出洞时先从远处见一线光明，如朝曦初上，于此处稍作停留，便感觉无限情趣

图267 大悲佛
入洞不远，岩石上凿有西方接引佛一尊，法相庄严，非近时制作

图268 滴水成冰
顶壁钟乳凝结成块，纵横龟坼，晶白莹澈，俨然冰天雪地，爽人心目

图269 半悬山
大石矗立。曲折悬空，而连结不坠，故名半悬山，并可燃爆竹其中，激发大声，而上出石顶，最为奇观，是为通天池

图270 钟鼓楼
危楼高耸，大石中空，以杆击之钟声磬声，尤异者有鼓声木鱼声逼真

图271 云罗山
钟乳下垂，排列成行，拨之铮铮然者曰石筝，叩之铛铛然者曰云锣

图272 幔帐
洞顶钟乳，下垂甚长，骈列数丈，以光远照，与大刹佛殿之幔帐高悬者无异

图273 西方接引 狮子望莲
入洞道中，远望一佛，指挥作势，黑暗中遇此，不禁疑为西方接引。大石横卧，类似雄狮，对面如莲花片片，因名望莲

图274 棉花山
钟乳层叠，圆润洁白，团结有致，类似棉花，因以名此

图275 象驼宝瓶
清宫古玩有景泰蓝制象驼宝瓶，颇为名贵，此石凝结同，因此得名

图276 菊花山
洞壁结石精致,形似花瓣,面积广阔,因名菊花山

图277 灵芝山
钟乳垒叠增高,上丰下窄,洁白如玉,颇似灵芝

图278 长眉老祖
钟乳凝结,顶圆体壮,独立岩畔,修眉下垂,足下两石如球,俗称长眉老祖看西瓜

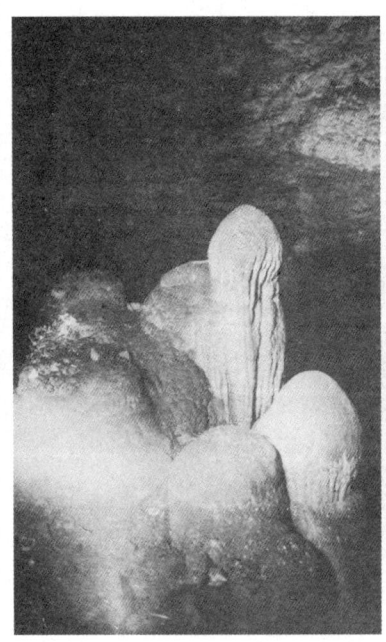

图279 观音说法台 珍珠塔
平台广阔,上立一佛,如观音说法,旁一乳石,形如颗粒堆成,因名珍珠塔

图280 塔倒三截
十丈钟乳,截而为一,倒卧洞中,颇似废塔

图281 净水瓶 栓虎桩
高台之上，一瓶储水溢出口外，水光莹然，酷肖真物，旁有一石，矗立台畔，名栓虎桩

图282 小西天全景
小西天即石经山，为藏经之地，古柏参差，石道平整，古称芯题山

图283 玉石栏杆
巉岩壁立,栏以玉石,游人履此,视若坦途

图284 藏经洞
小西天藏经石共九所，内藏经石，封以石棂，锢以铁条

图285 洞前
各洞骈列成行,洞旁古碑林立,想见千余年来之前人手泽

图286 千佛洞
名雷音洞，就石凿成方室，嵌经版一百四十五方，全山惟此洞公开游览

图287 千佛柱
雷音洞内立千佛柱四，皆八角形，前一柱各刻佛像一百七十一尊，后一柱各刻佛像一百五十六尊，为隋唐时所作

图288 千佛洞经石

千佛洞壁上所嵌华严经石全部，此为第一石

图289 云居寺全景
寺建于山麓，规模宏壮，占地极广，为华北崇大古刹

图290 云居寺门前
左右环山,清溪绕越,松柏丛茂,远达数里

图291 云居寺殿前
殿院宽旷，水流淙淙，意境清幽，无与伦比

图292 大悲坛殿角
建筑精致，意匠甚工，保护得法，历久不朽

图293 云居寺南塔
一名压经塔，辽天庆七年（1117年）建，其下藏经石四千二百六十方

图294 云居寺北塔
一名舍利塔，其旁有四小石塔，均唐时建立

本书主编

赵省伟："西洋镜""东洋镜""遗失在西方的中国史"系列丛书主编。厦门大学历史系毕业，自2011年起专注于中国历史影像的收藏和出版，藏有海量中国主题的法国、德国报纸和书籍。

本书编者

孙梦：经济学硕士，文史资料收藏爱好者，致力于房山地区文献资料收集及新民主主义革命至新中国成立期间的文献收集。

本书译者

张维懿：对外经贸大学国际贸易学硕士，南洋理工大学工商管理硕士（MBA），现供职于中国石油天然气集团公司。

夜鸣：自由译者，毕业于上海外国语大学。目前主要从事历史文化方面的翻译工作。

内容简介

本书由《北京大觉寺》《西山访圣记》《中国名胜·西山》《香山风景》《房山风景》《上方山》六部分组成，共收录图文描述25万字。

《北京大觉寺》（*Der Tempel Ta-chüeh-sy bei Peking*）初版于1897年，作者是胶济铁路的主要设计者、德国建筑工程师锡乐巴（Heinrich Hildebrand，1855—1925）。作者简要介绍了大觉寺的历史，然后从专业角度出发，重点介绍了大觉寺的建筑布局、结构、材料与陈设，还绘制了很多建筑结构图与平面图。这是首部系统研究中国传统建筑的德文著作，为西方社会认识中国建筑打开了一扇大门。

《西山访圣记》（*The Temples of the Western Hills*）初版于1923年，作者郝播德（Gilbert Ernest Hubbard，1885—1952）是英国外交官、银行家，1920年来华。作者记录了他在西山参观时的所见所闻，还原了百年前的寺庙场景，并配有10余幅珍贵的历史照片。

后四章为四本风光摄影相册：《中国名胜·西山》二册出版于1920年，由蒋维乔、庄俞编纂；《香山风景》出版于1922年，由香山慈幼院拍摄发行；《房山风景》出版于1915年，由京汉铁路调查科编辑；《上方山》出版于1937年，由平汉路局拍摄。

「本系列已出版图书」

第一辑	《西洋镜：海外史料看甲午》
第二辑	《西洋镜：1907，北京—巴黎汽车拉力赛》（节译本）
第三辑	《西洋镜：北京美观》
第四辑	《西洋镜：一个德国建筑师眼中的中国1906—1909》
第五辑	《西洋镜：一个德国飞行员镜头下的中国1933—1936》
第六辑	《西洋镜：一个美国女记者眼中的民国名流》
第七辑	《西洋镜：一个英国战地摄影师镜头下的第二次鸦片战争》
第八辑	《西洋镜：中国古典家具图录》
第九辑	《西洋镜：清朝风俗人物图鉴》
第十辑	《西洋镜：一个英国艺术家的远东之旅》
第十一辑	《西洋镜：一个英国皇家建筑师画笔下的大清帝国》（全彩本）
第十二辑	《西洋镜：一个英国风光摄影大师镜头下的中国》
第十三辑	《西洋镜：燕京胜迹》
第十四辑	《西洋镜：法国画报记录的晚清1846—1885》（全二册）
第十五辑	《西洋镜：海外史料看李鸿章》（全二册）
第十六辑	《西洋镜：5—14世纪中国雕塑》（全二册）
第十七辑	《西洋镜：中国早期艺术史》（全二册）
第十八辑	《西洋镜：意大利彩色画报记录的中国1899—1938》（全二册）
第十九辑	《西洋镜：〈远东〉杂志记录的晚清1876—1878》（全二册）
第二十辑	《西洋镜：中国屋脊兽》
第二十一辑	《西洋镜：中国宝塔Ⅰ》（全二册）
第二十二辑	《西洋镜：中国建筑陶艺》
第二十三辑	《西洋镜：五脊六兽》
第二十四辑	《西洋镜：中国园林与18世纪欧洲园林的中国风》（全二册）
第二十五辑	《西洋镜：中国宝塔Ⅱ》（全二册）
第二十六辑	《西洋镜：北京名胜及三海风景》
第二十七辑	《西洋镜：中国衣冠举止图解》（珍藏版）
第二十八辑	《西洋镜：1909，北京动物园》
第二十九辑	《西洋镜：中国寺庙建筑与灵岩寺罗汉》
第三十辑	《西洋镜：北京大觉寺建筑与西山风景》
第三十一辑	《西洋镜：中国灯塔》
第三十二辑	《西洋镜：上海花园动植物指南》
第三十三辑	《西洋镜：中华考古图志》
第三十四辑	《西洋镜：老北京皇城写真全图》

西洋镜 Mook

扫码关注
获取更多新书信息